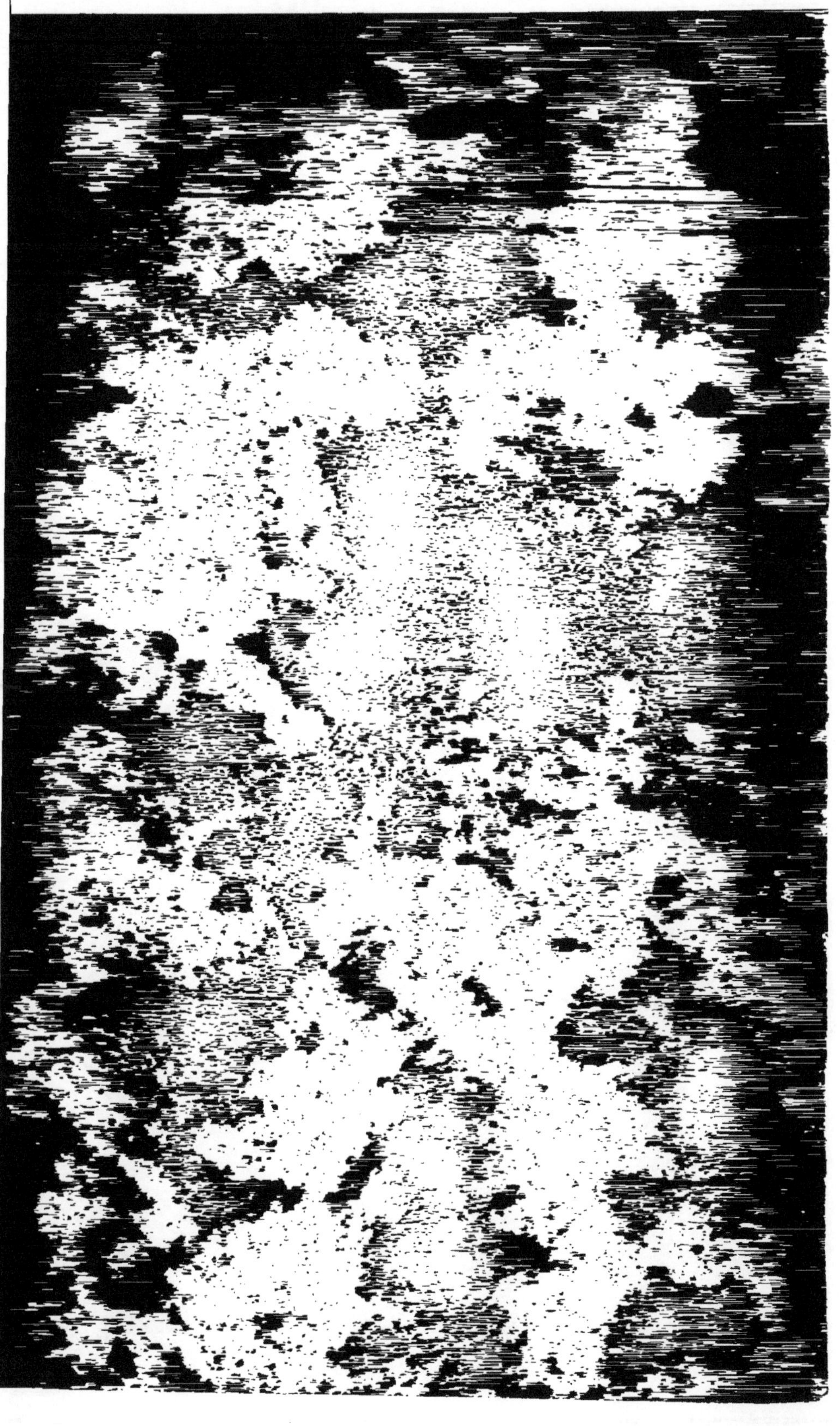

GEORGES D'HEILLY

COTILLON III

JEANNE BÉQUS, COMTESSE DU BARRY

Amours. — Règne. — Intrigues. — Dépenses.
Procès et supplice de la dernière maîtresse
de Louis XV.

ON LE VEND A PARIS
CHEZ LE LIBRAIRE ACHILLE FAURE
18, rue Dauphine, 18.
MDCCCLXVII

COTILLON III

DU MÊME AUTEUR

Chez Achille FAURE, rue Dauphine, 18.

MORTS ROYALES (*Louis XIV, Madame de Maintenon, Pierre III, Louis XV, Gustave III, Catherine II, Paul Ier, Napoléon Ier, Louis XVIII, Napoléon II, Marie-Amélie*).

UN BEAU VOLUME IN-18,

Avec fleurons et caractères du XVIIe siècle.

3 francs.

Chez ROUQUETTE, passage Choiseul.

Extraction des cercueils royaux à Saint-Denis en 1793. Relation authentique. — 2 fr. 50.

Maladie et mort de Louis XV. — 2 fr. 50.

2 petits volumes in-32, sur papier vergé, tirés à un très-petit nombre d'exemplaires, et dont quelques-uns seulement sont encore en vente.

GEORGES D'HEILLY

COTILLON III

ON LE VEND A PARIS

CHEZ LE LIBRAIRE ACHILLE FAURE

18, rue Dauphine, 18.

—

1867

A EUGÈNE M***

COTILLON III

PREMIÈRE PARTIE

La plupart des biographes contemporains, même les plus récents, ont donné à la comtesse Du Barry une origine de fantaisie, de tous points contraire à la vérité (1). Ils ont pris au sérieux l'acte de naissance fabriqué pour les besoins de la cause, à l'époque du mariage de la courtisane, et dont nous parlerons tout à l'heure. Mais l'acte vé-

(1) M. Capefigue a publié chez Amyot, en 1858, un incroyable et réjouissant panégyrique de Mme Du Barry. Comme ce complaisant écrivain n'a eu connaissance d'aucune des pièces authentiques et vraies concernant son héroïne, il la fait, sans plus se gêner, descendre en droite ligne de Jeanne Darc, née comme elle à Vaucou-

ritable et officiel, bien qu'un procès célèbre sous le règne de Charles X l'ait suffisamment mis alors en lumière, a tout à fait échappé à leur attention, et ils ont tenu pour vraie quand même, et en dépit des

leurs, et il lui improvise naturellement pour père celui que le faux acte de naissance lui a inventé, Jean-Jacques Gomard de Vaubernier.

A l'époque où M. Capefigue nous donnait sa fantastique histoire de la dernière maîtresse de Louis XV, le savant bibliothécaire de Versailles, le docteur Joseph Leroi, publiait à Versailles même un recueil des documents officiels possédés par la bibliothèque de sa ville natale, relativement à Mme Du Barry. Depuis, M. Leroi a réuni ces documents, à peu près inédits, à d'autres non moins intéressants et ayant trait à divers détails intimes de notre histoire depuis Louis XIII, et il les a publiés à Paris, chez Plon, en un vol. in-8°, sous ce titre alléchant : *Curiosités historiques* (1864). J'ai emprunté à ce précieux livre des renseignements dont la qualité et l'autorité de M. Leroi me garantissent l'exactitude, et que je ne pouvais trouver seulement que dans ses divers et consciencieux travaux, ou bien à la bibliothèque même qui les lui a fournis. Son livre, si clairement ordonné, m'a donc évité bien des recherches, et surtout il me permet de placer sous les yeux du lecteur des pièces officielles d'un haut intérêt et d'une authenticité incontestable.

MM. de Goncourt ont aussi publié sur Mme Du Barry une excellente étude, dans leur livre bien connu : *les Maîtresses de Louis XV* (Paris, Didot, 1860). J'ai également eu recours à cet intéressant travail, qui doit aussi une bonne partie de ses documents aux diverses publications de M. le docteur Leroi.

Enfin j'ai consulté à la Bibliothèque impériale, qui est encore, quoi qu'on puisse dire, la mine la plus riche et la plus inépuisable en renseignements de tous les genres, à peu près tout ce qui a été publié pour et contre la Du Barry. D'ailleurs j'ai soin d'indiquer aussi souvent que possible la source de mes assertions et de mes emprunts.

arrêts de la justice, une pièce apocryphe, où l'état civil de la célèbre favorite est dénaturé et travesti de la manière la plus grossière, la plus bouffonne et la plus maladroite.

Voici les termes de l'acte de naissance authentique, délivré à Saint-Mihiel, le 25 septembre 1827, aux héritiers Béqus ou Bécu, alors en procès avec les héritiers Gomard, au sujet de la succession, non encore liquidée, de Mme Du Barry :

Extrait des registres de l'état civil de la ville de Vaucouleurs, déposés aux archives du tribunal de première instance séant à Saint-Mihiel (Meuse) :

« Jeanne, fille naturelle d'Anne Béqus, dite Quantiny, est née le dix-neufième aoust de l'an mil sept cent quarante-trois, et a été baptisée le même jour. Elle a eu pour parain Joseph Demange, et pour maraine Jeanne Birabin, qui ont signé avec moy. »

Les signatures sont ainsi apposées sur l'acte :

Jeanne BIRABINE. L. GALON, vic. de Vau.

Joseph DEMANGE.

Pour copie collationnée sur la seconde minute déposée aux archives.

Saint-Mihiel, le 25 septembre 1827,

Le commis greffier,

FRANÇOIS.

C'est donc seulement en 1827, à l'occasion du procès intervenu entre les héritiers vrais et faux de la favorite, que fut produite, pour la première fois, cette précieuse pièce, restituant à celle que beaucoup d'historiens appellent encore de nos jours *Marie-Jeanne Gomard de Vaubernier*, son simple, vulgaire, mais véritable et seul nom de *Jeanne Béqus*, fille de *Anne Béqus* et de père inconnu, c'est-à-dire fille naturelle.

Au moment de sa naissance, un fournisseur des vivres de l'armée, le riche Billard Du Monceau, se trouvait de passage à Vaucouleurs. Anne Béqus était dans le besoin ; on fit appel à la charité du richard, on l'intéressa à la misère et à la position de la mère nouvellement accouchée, et cet homme, bon et généreux, donna un secours d'argent et promit, sans croire s'engager beaucoup, son appui pour l'avenir (1).

En 1749, Anne Béqus épouse, sérieusement cette fois, un pauvre commis aux aides, du nom de Rançon, et vient avec lui habiter Paris. Ce commis avait de petits appointements, ne menait pas une vie fort ré-

(1) M. Capefigue donne même ce personnage pour parrain à la future Du Barry. « Le baptême, dit-il, eut lieu avec solennité. » C'est là une pure invention, qui ne repose sur aucune donnée vraie ou fausse, puisque l'acte apocryphe lui-même mentionne un autre parrain.

gulière, et, le malheur aidant, le ménage fut loin d'offrir un parfait modèle de constance et d'union. Le mari vivait beaucoup de son côté, sans laisser à sa femme de quoi faire aller la maison, et les deux époux en vinrent assez vite à se quitter tout naturellement, sauf à se retrouver et à se réunir plus tard, lorsque Jeanne, toute-puissante, aura fait disparaître, avec de l'argent, les difficultés matérielles qui les avaient séparés.

Sans ressources , incapable de trouver dans son travail des moyens d'existence suffisants, Mme Rançon se rappela le financier bienfaisant qui l'avait jadis secourue, et elle ne craignit pas de s'adresser à lui pour réclamer sa protection. La petite Jeanne avait alors un peu plus de dix ans ; elle était déjà fort jolie ; sa mine éveillée, sa fraîche figure, l'espièglerie et la jeunesse de son esprit ravirent Du Monceau, qui depuis longtemps avait oublié l'enfant et sa mère. Il commença par faire une petite pension, pour satisfaire aux premiers besoins des deux femmes ; puis, quelques mois après, il les plaça chez sa maîtresse, la courtisane Frédérique, qui fit de l'une une espèce d'intendante, et de l'autre une manière de soubrette intime, faisant, avec l'épagneul de madame, partie inamovible de l'appartement.

On recevait là nombreuse et légère compagnie.

Jeanne devenait de plus en plus jolie, agaçante, friponne même, et ses yeux disaient déjà beaucoup de choses que son libre et impertinent langage ne démentait pas trop. La Frédérique, soit qu'elle craignît, dans l'enfant qui allait devenir femme, une rivale dangereuse, soit qu'elle aimât mieux voir Jeanne se perdre ailleurs que chez elle, — ces sortes de femmes ont quelquefois pour les autres des velléités de vertu si surprenantes! — avertit le protecteur du ton, des allures et des libertés que prenait sa protégée. Du Monceau n'était pas un débauché; il avait une maîtresse parce que c'était l'usage; il dépensait beaucoup d'argent pour elle parce que c'était la mode; il menait un grand train parce qu'il fallait faire comme tout le monde, sous peine d'être ridicule; mais il estimait assez l'honneur et la vertu pour chercher à conserver le plus longtemps possible ces précieux biens à la petite Jeanne.

Il la fit sortir de chez la Frédérique et la plaça au couvent des filles de Sainte-Aure, rue Sainte-Geneviève. C'était un asile de protection ouvert à toutes les jeunes filles qui préféraient la vertu au vice, mais qui craignaient, en ce temps de facile perdition, de n'avoir pas la force nécessaire et suffisante pour résister aux séductions nombreuses d'une vie trop indépendante et trop libre. Le prix de la pension était de deux cents livres par an ; il fallait apporter un petit trousseau, « deux paires de draps et six serviettes, » mais la règle de la communauté était sévère, le travail obligatoire, et « les badineries, les petits airs délicats, les ris outrés, toute phrase plaisante, tout ton railleur, » sévèrement proscrits et punis.

Quelle cruelle transition pour cette jeune fille habituée depuis assez longtemps déjà au luxe fastueux d'une courtisane célèbre, et se trouvant tout à coup dans cette maison fermée à toutes les visites et à tous les regards, astreinte à une règle pleine d'uniformité, de sévérité, de monotonie, et par conséquent d'ennui ! La tenue était grossière : « deux voiles noirs d'étamine, une guimpe commune sans empois ; sur la tête, une bande de toile cachant les cheveux et les trois quarts du front, une robe de serge d'Aumale blanche et des souliers de veau jaune, attachés avec des cordes à l'avenant. » Cette réclusion, ces habitudes nouvelles et comparativement si dures et si odieuses, ne pouvaient convenir longtemps à la petite personne qui avait si fort scandalisé la Frédérique. Sa légèreté et ses folies la firent, peu de temps après son entrée, renvoyer prestement du couvent, et cela « à son grand contentement et à sa joyeuse satisfaction ! »

Jeanne rentra alors momentanément chez la Frédérique, déjà fatiguée de la mère Béqus, qu'elle avait gardée jusqu'alors par charité, mais en la soupçonnant, à tort ou à raison, de malversation dans l'administration de son intérieur, d'espionnage à l'endroit de sa conduite, et même de connivence impudique avec un moine Picpus du nom de Gomard, qu'elle voyait, paraît-il, un peu trop fréquemment. Sur ces trois chefs d'accusation, plus ou moins prouvés, Anne Béqus et sa fille furent, sans autre forme de procès, jetées hors du logis de la Frédérique, et se retrouvèrent, comme devant, dans la misère et dans le besoin.

Le moine Picpus Gomard, soupçonné par la maîtresse de Du Monceau, était l'oncle ou passait pour l'oncle de la jeune Jeanne; il se pourrait même qu'il fût son père (1). Après la brusque expulsion opérée par la courtisane, il se remua de son mieux pour établir sa famille; il acheta à Jeanne un éventaire portatif, et la future maîtresse royale alla de porte en porte vendre des objets de quincaillerie et de bijouterie de mauvais aloi, qu'on lui acheta beaucoup plus pour la grâce et l'espièglerie de son sourire que pour leur valeur même.

A ce moment, le frère Gomard, en quête de ressources, devint le directeur spirituel de la riche veuve d'un fermier général, Mme de La Garde, proprié-

(1) M. Capefigue tue, en 1752, le père qu'il a inventé à la Du Barry, et qu'il appelle avec compassion « sa seule espérance! »

taire du magnifique domaine de la Courneuve, où elle passait une grande partie de l'année. Gomard, pris sans doute pour tout faire, remplissait en même temps dans cette aimable maison le rôle de souffleur de la comédie de société du château. La dame du lieu n'était plus jeune, mais elle aimait à recevoir nombreuse compagnie, et comme elle ne pouvait plus prendre une part bien active aux plaisirs trop bruyants, elle avait imaginé, pour elle et pour sa société, des amusements plus calmes, de façon cependant à contenter et à occuper tout le monde. Puis, elle avait deux fils, l'un fermier général, l'autre maître des requêtes, qu'elle tenait à attirer et à retenir chez elle, en leur faisant trouver dans son château toutes les distractions possibles. Tous deux jeunes encore, légers et viveurs à la mode de l'époque, ne devaient pas rester longtemps insensibles aux charmes de la jolie Jeanne. Ils en devinrent à la fois, et sans se confier l'un à l'autre, éperdument amoureux; ils le dirent, le montrèrent et peut-être le prouvèrent à la belle enfant, aussi facile à convaincre qu'à séduire. Il y eut scandale, esclandre ; la pieuse dame, que les licences de la comédie grivoise n'effarouchaient pas, mais qui redoutait pour ses fils la perdition éternelle, fit ouvrir à deux battants la grande porte de son château, par laquelle sortirent à la fois, la mère, la fille et le moine, une fois encore aussi misérables qu'avant leur passagère fortune.

Que faire ? que devenir ? On avait subi toutes les vicissitudes, essayé de toutes les positions et de tous les emplois! mais partout, le diable sans doute s'en mêlant, on avait éprouvé un échec et une déception. L'oncle Gomard vint encore au secours des deux femmes ; il fit entrer Jeanne, la jolie Jeanne, cette suivante des grandes dames, habituée successivement au luxe impudemment étalé d'une courtisane à la mode, puis à la vie large et princière d'une riche parvenue ; ayant pris chez l'une les fatales leçons d'une coquetterie par où elle devait se perdre, après avoir sans doute laissé chez l'autre plus encore que la vertu, que la première lui avait peut-être au moins conservée ; ayant enfin gardé de son séjour dans ces deux maisons, si différentes d'allures et de conduite, certains dehors gracieux et distingués qui pouvaient empêcher de penser à l'obscurité de son origine et à la vulgarité de sa vie ; il la fit entrer, dis-je, sous le nom du mari de sa mère le sieur Rançon, chez une célèbre marchande de modes de la rue Saint-Honoré, Mme Labille. Le magasin était situé non loin de la barrière des Sergents. Le mari, M. Labille, était en nom sur la devanture et dans la signature sociale ; mais en réalité sa femme seule dirigeait et faisait prospérer sa maison. Quant au mari, qui aurait vécu en oisif dans l'association, il avait ouvert dans la maison voisine un bureau de loterie qui attirait nombreuse pratique. Les deux commerces se faisaient ainsi valoir et s'enrichissaient mutuellement, en se renvoyant l'un à l'autre leurs clients communs. Il y avait donc foule dans les deux boutiques, et foule brillante, légère, inoccupée et composée en grande partie de jeunes seigneurs qui tuaient le temps en courant les aventures galantes, ne craignant jamais de se compromettre dans les plus folles tentatives, et se moquant parfaitement du qu'en dira-t-on.

Comme tous les magasins de modes à cette époque. celui de Mme Labille était le rendez-vous de tous les jeunes seigneurs du quartier ; on y agaçait les ouvrières, on leur envoyait des billets doux, on leur lançait les œillades les plus assassines, mais généralement aussi les moins meurtrières : car ces jeunes filles étaient loin d'ajouter grande confiance aux beaux discours de ces jolis parleurs, et elles préféraient de moins brillants, mais de plus discrets et de plus solides amoureux. Les rapports se bornaient donc avec eux à de simples escarmouches et à de vaines paroles qui faisaient passer plus vite la journée, remplissaient plus gaiement les heures du travail, mais dont le résultat était rarement perfide et dangereux. L'élégante tournure, la physionomie vive et éveillée de Jeanne, devaient naturellement frapper tous les regards; elle séduisit bien vite la jeune et folle cohue (1). Les billets doux tombèrent aussitôt drus comme grêle dans la corbeille où elle serrait son ouvrage. La chronique lui prête alors trois faiblesses, trois amants, un commis de marine, le beau Duval; un petit gentilhomme, M. de la Vauvenardière, et enfin un simple coiffeur, Amet, le plus connu et le plus authentique de ses premiers galants. Celui-ci eut l'indignité, après quelques mois de bonheur, d'abandonner sa maîtresse dans une petite maison qu'il avait louée, meublée et embellie à son intention; un matin, il partit sans rien dire pour l'Angleterre, et la perfide Albion n'a point rendu l'amoureux infidèle!

C'est à ce moment que les libellistes à gages du parti Choiseul ont trouvé bon de faire figurer Jeanne Béqus au nombre des pensionnaires de la Gourdan. Cette Gourdan était la plus célèbre entremetteuse de son temps; elle gagnait beaucoup d'argent dans l'exploitation de son édifiant commerce, car sa maison était fréquentée non-seulement par les riches person-

(1) Jeanne de Vaubernier, dit M. Capefigue, qui continue à traiter notre héroïne comme une grande dame abaissée forcément par le malheur, travailla dans ce magasin « avec grâce et intelligence.. »

nages de la cour et de la ville, mais aussi par tous les étrangers importants qui venaient demander à Paris des délassements et des distractions de tous les genres. Elle accueillait volontiers et sans grande recommandation les jolies filles qui préféraient l'oisiveté dans la honte à l'honneur dans le travail, et il ne serait certainement ni invraisemblable ni impossible que Jeanne Béqus se fût adressée à elle dans son dénûment ou dans son ennui. Mais rien non plus n'autorise à croire semblable chose. Paris et l'étranger ont été inondés, pendant et même après la faveur de la comtesse Du Barry (1), d'écrits et de brochures plus infâmes les uns que les autres, et où la vie première de la maîtresse du roi est racontée, travestie, défigurée et calomniée à plaisir (2). C'est dans ces petits recueils or-

(1) On publiait à Paris, en 1790, une prétendue vie de Mme Du Barry, sans nom d'auteur, comme la plus grande partie de ce genre de productions. Ce livre anonyme et mensonger porte pour seule indication : *Imprimerie de la Cour*. En tête on voit un soi disant portrait de l'héroïne, avec des vers commençant ainsi :

La Messaline que tu vois...

(2) Et d'abord *le Gazetier cuirassé* de Thévenot, sous le pseudonyme de chevalier de Morande, « ci-devant escroc à Paris, disent les écrits du temps, et qui ne l'est pas moins devenu à Londres. » En effet, la favorite paya mille guinées le manuscrit qu'elle fit détruire, ce qui n'empêcha pas la publication d'une seconde copie, dont les exemplaires sont aujourd'hui rarissimes. On y lit des choses de ce genre, parmi celles que l'on peut citer :

« Mme Du Barry vient d'instituer un nouvel ordre : celui de

duriers et dont la plupart sont suffisamment connus pour que tout écrivain sérieux soit aussitôt mis en garde contre leurs assertions, qu'on trouve seulement

Sainte-Nicole ; les conditions pour les femmes sont très-rigoureuses : il faudra avoir vécu avec dix personnes différentes au moins. Les hommes seront dispensés de faire des preuves ; mais quoique la comtesse assure qu'elle ne nommera chevaliers que ceux qui sont bien avec elle, on croit que cet ordre sera plus nombreux que celui de Saint-Louis... » (Page 34.)

« Les soupers des petits appartements sont plus voluptueux que jamais ; la comtesse y a introduit la gaieté franche et les plaisirs bruyants de la Courtille .. » (Page 61.)

« L'Académie a proposé un prix pour celui qui prouvera que le chancelier est un honnête homme et la Du Barry une femme de bien. » (Page 95.)

Ces citations donnent une idée suffisante de l'absurdité de ce livre dont « les saletés, » je le répète, ne sauraient être réimprimées.

2° *Vie d'une courtisane sur le trône de France*, (1770), la Haye, 1 vol. in-8°.

3° *Comment une p..... devint maîtresse d'un roi*, brochure in-8°, Londres, 1771.

4° *Les Mémoires authentiques de la comtesse Du Barry, maîtresse de Louis XV*, 2 vol traduits de l'anglais, 1772.

5° *Mémoires secrets d'une femme publique, ou Essai sur les aventures de la Du Barry, depuis son berceau jusqu'au lit d'honneur*, in-8°. Londres, 4 vol. 1774.

6° *Les Hauts faits de la comtesse D....*, petit in-8° de 96 pages, sans date d'édition.

Et bien d'autres encore, sans compter toutes les publications, biographies, notices, bâties, arrangées, inventées et amplifiées, à l'aide de cette série de bêtes et sales calomnies, qui n'ont pu amuser un moment certains lecteurs du temps qu'à cause de leur proscription et de leur à-propos.

la mention d'un séjour de Jeanne Béqus chez l'illustre procureuse. Et puis qu'importe, après tout, qu'elle ait oui ou non passé dans ce sérail à tant la nuit ? Sa vertu en sera-t-elle augmentée ou amoindrie, son honneur diminué ou rétabli ?

D'ailleurs, si elle n'a point fait nombre dans la collection de beautés de contrebande de la Gourdan, nous la trouvons plus certainement et à peu près à cette même époque dans un endroit qui ne valait pas beaucoup mieux. Une Mme Duquesnoy tenait alors, rue de Bourbon, une maison de jeu qui attirait chez elle une société aussi variée que nombreuse. Cette dame, sous des dehors honnêtes et mielleux, était une franche coquine, qui ne se gênait pas pour opérer chez elle, et clandestinement, de passagères liaisons entre les personnages des deux sexes qui lui faisaient l'honneur d'entretenir son tripôt. Elle se composait d'abord un fonds de société recruté parmi d'aimables filles, qui passaient pour ses nièces, pour ses parentes sans degré désigné, et plus simplement et plus généralement pour ses amies. Elle n'était pas difficile sur le choix de ses autres relations, et on venait chez elle un peu comme on voulait, pourvu qu'on eût le gousset garni et qu'on le vidât sur le tapis vert de la maison, soit pour cause d'amour, soit pour cause de jeu. C'est Mme Rançon qui procura cette honnête connaissance à sa fille, sans se douter que cette relation de hasard allait être pour elle la source inespérée de la plus haute fortune que puisse rêver une courtisane.

Parmi les personnages qui fréquentaient alors le tripôt de la Duquesnoy, on remarquait surtout le comte Jean-Cérès Du Barry, que ses contemporains, bons juges de sa vie et de sa conduite, ont surnommé *le Roué*. Il était né à Lévignac, près de Toulouse, en 1722, et avait vécu dans cette dernière ville jusqu'en 1756, au milieu des scandales de tous les genres. Son nom et sa personne étaient rapidement tombés dans le mépris général. A vingt-huit ans, il quitta Toulouse pour venir chercher fortune à Paris. Comme il avait en peu de temps dissipé la petite part qui lui était revenue de son mince patrimoine, il espérait, grâce à son nom, à ses quelques relations et aussi un peu à ses intrigues, se créer bien vite à Paris une position et des ressources nouvelles.

La prétention des Du Barry, qui n'étaient cependant guère connus avant l'illustration fatale qui allait bientôt leur survenir, était de descendre des Barri-Moore, branche cadette des Stuarts ; on lisait en devise dans leurs armoiries le fameux *Bouttez en avant!* qui leur avait été, disaient-ils, octroyé par le roi Charles VII, et que devaient tant plaisanter plus tard la duchesse de Grammont et ses amis!... Malgré cette noblesse plus ou moins authentique, le comte Jean Du Barry échoua dans toutes ses tentatives auprès des ministres Rouillé, de Bernis et de Choiseul, à qui il fut successivement recommandé. Le bruit de sa conduite à Toulouse l'avait précédé à Paris et ne plaidait guère en sa faveur. Il briguait un poste diplomatique à l'étranger; on le berça de promesses en l'air, de places imaginaires et de fonctions idéales qui ne passèrent que fort peu à l'état de réalités (1). Il attendit, patienta, vivant on ne sait trop comment, du jeu et de la débauche; puis enfin, lassé d'être promené inutilement dans les bureaux et les antichambres du ministère, il donna sa démission de diplomate en expectative, et tourna ses vues d'un autre côté. Il obtint à la fois, par je ne sais quelles faveurs singulières, trois sinécures assez grosses en bénéfices, et permettant à leur titulaire de vivre à sa fantaisie des revenus qu'elles rapportaient, sans s'occuper aucunement de leur gérance. On lui délégua d'abord un intérêt dans la fourniture des vivres pour la marine, puis pour la guerre, puis enfin pour la Corse, dont la cession à la France

(1) Il fut un moment chargé d'une mission en Russie, puis d'une seconde en Angleterre; mais ces deux absences furent de très-courte durée, et ne servirent qu'à mieux constater son incapacité et son inconduite.

allait être bientôt opérée. Tout cela le mit à même de gagner et de dépenser beaucoup d'argent, sans rien faire d'utile ou de sérieux. Il mena alors plus que jamais à grandes guides la vie de débauches qui lui allait si fort, et son train prit des allures tout à fait princières. Cependant, au milieu de cette existence si remplie par le jeu, les femmes, les folles entreprises et les sollicitations ambitieuses, il avait trouvé le temps, justement dans l'intérêt de ses affaires, de prendre femme, non pas pour faire une fin, — en ce temps-là le mariage était un moyen de commencer et non, comme on dit aujourd'hui, d'enterrer la vie de garçon, dans le sens où il faut prendre ici ce mot, — mais pour se poser davantage et faire concourir avec les siennes les influences et les protections de sa femme à la réussite du but qu'il poursuivait, et qu'il n'atteignit pas. La comtesse Du Barry ne devait pas être et ne fut pas heureuse avec un tel mari ; on prétend qu'elle le fut avec d'autres, et qu'elle se consola aisément de la solitude où la laissa bientôt son époux. Mais cela est fort indifférent à ce récit, et la comtesse Jean Du Barry ne peut nous occuper que pour mémoire.

Ce comte Jean avait encore deux frères : l'un, Guillaume, qui va bientôt jouer un rôle, et lequel, grand Dieu !... l'autre, Élie, qui sera fait, pendant la faveur de sa belle-sœur, comte d'Hagicourt; puis deux sœurs « de médiocre esprit et d'assez grande laideur, » Isabelle et Françoise. Les deux frères cadets et leurs sœurs n'étaient pas à Paris ; le dernier était soldat; Guillaume, le second, officier des troupes de la marine royale, vivait à Toulouse avec une maîtresse, et, plus rangé que son frère aîné, il se contentait de ses petits revenus, sans dévorer son capital. Leur mère, la comtesse Du Barry, née de La Caze, habitait également Toulouse. Jeanne devait, dès le premier jour, plaire à ce roué, qui paraît être, en somme, le seigneur le plus influent et le plus distingué que reçût la Duquesnoy dans son infâme tripôt; ce qui permet de se demander, en bonne conscience, de quel acabit, en matière d'honneur et de moralité, devaient être les autres personnages qui le fréquentaient comme lui!... La vue de ce joli et fripon minois, si fin, si éveillé, si rose et si jeune, inspira d'abord à ce débauché une passion d'autant plus vive que toutes les beautés qu'il avait rencontrées jusqu'alors n'avaient point pour elles la séduction très-grande et très-rare de l'esprit naturel, primesautier, vivace et même égrillard qui brillait au plus haut degré dans les traits, les saillies, le caquet babillard, en un mot dans toute la personne de cette étincelante et fraîche jeune fille. Dans son enthousiasme, il la baptisa dès le premier jour du nom de l'Ange, qu'on lui a conservé, en supprimant l'apostrophe, qui le caractérisait trop.

Ce fut pour elle et pour lui une vie toute nouvelle. Il fut un moment fidèle à ce nouvel amour; il reçut sa maîtresse dans son hôtel de la rue Neuve-des-Petits-Champs; il l'entoura de tout le faste qu'il put déployer, lui donna des fêtes, lui prodigua les cadeaux, les dentelles, les bijoux, et la produisit avec orgueil devant ses amis, qui, non moins débauchés que lui, célébrèrent les beautés de la déesse dans des orgies où elle leur tint tête à tous, avec le sang-froid le plus intrépide et le plus cynique. Cependant Jeanne se perfectionna dans cette société, qui, malgré le relâchement et la licence de ses mœurs, avait un vernis d'élégance et de politesse et l'habitude des grandes manières et du ton à la mode, toutes choses qu'elle avait un peu oubliées et perdues depuis son escapade et son expulsion de chez la veuve du fermier général. Elle devint la véritable comtesse Du Barry chez le frère de celui qui allait bientôt lui donner le droit de porter officiellement ce nom.

Mais l'amour du roué pour Jeanne ne fut pas, dit-on, longtemps pur de toute intrigue et de toute ambition. Il recevait dans sa maison de plus riches seigneurs que lui, auxquels il donnait à jouer après boire; il est permis de supposer, et les pamphlets ne se sont pas fait faute de le crier bien haut sur tous les tons, qu'à bout de ressources, et comme moyen de s'en procurer de nouvelles, Jean Du Barry fit trafic de la beauté et des charmes de sa maîtresse. Mais une fois lancé dans ce domaine des suppositions et des choses possibles et certifiées, mais qui ne sont peut-être pas arrivées, on peut aller si loin, qu'il faut se défier un peu de tout. Les mœurs, la conduite, les dépenses, les besoins toujours renaissants et jamais rassasiés du comte Du Barry, autorisent malheureusement toutes les hypothèses ; sur ce point les gazetiers de la duchesse de Grammont ont pu imaginer et dire tout ce qu'il leur a plu, sans qu'il soit toujours facile ou même possible de contrôler leurs assertions et de prouver qu'ils ont inventé et menti. A défaut de preuves bien authentiques, je renvoie le lecteur à cette série d'ouvrages indigestes publiés à Londres et à Paris de 1768 à 1775, et je lui conseille de ne lire tout ce fatras, s'il en a le courage, qu'avec la plus grande et la plus constante précaution.

D'ailleurs, la célébrité de la courtisane devait promptement dépasser le cercle dans lequel elle vivait. Son nom, porté de bouche en bouche, le bruit de sa réputation de beauté et d'esprit, de libre vivacité, et même de sa dépravation, arrivèrent aux oreilles royales par l'entremise de deux personnages bien dignes des passions honteuses qu'ils allaient servir!... Dominique Lebel, pourvoyeur des plaisirs soi-disant secrets de Sa Majesté, était connu de ce Du Barry. L'entremetteur se plaignait un jour devant le comte de la difficulté d'amuser le monarque blasé, fatigué du *Parc-aux-Cerfs*, lassé des maîtresses prises à la cour, poursuivi par des idées noires, nées de sa mélancolie et de son oisiveté, et priant qu'on lui trouvât, à tout prix, « de quoi se distraire. » Le comte flaira aussitôt une affaire lucrative dans l'examen de la situation. Si le roi s'ennuyait si fort, de quel prix ne payerait-il point l'instrument et l'objet d'un plaisir nouveau? Ce fut donc une sorte de part à deux qu'il proposa tout d'abord à sa maîtresse. Celle-ci ayant accepté avec joie, il la présenta à Lebel au milieu d'un souper dont elle fit les honneurs avec une gaieté, un entrain et une verve endiablée qui mirent aussitôt le feu aux poudres. Lebel revint enchanté, séduit, enthousiasmé; il courut trouver le duc de Richelieu, l'un des trois ou quatre débauchés que le roi avait institués ministres de ses plaisirs, et il lui fit part de son admiration pour la maîtresse du comte, lui donna le désir de la voir, et lui en ménagea les moyens.

Le duc eut une entrevue avec la belle Jeanne, après laquelle la machination de son élévation au poste de maîtresse royale fut sur-le-champ ourdie, entreprise et amenée à une réussite aussi rapide que complète. En effet, le tableau qui fut fait au roi des séductions, inédites pour lui, que savait déployer la maîtresse de Du Barry fit naître aussitôt dans le cœur du cynique vieillard le désir irrésistible d'une possession immédiate.

DEUXIÈME PARTIE

Depuis l'année 1764, que Mme de Pompadour était morte, le roi Louis XV s'ennuyait. Sa Majesté n'avait pas eu, depuis cette époque, de maîtresse en titre ; ses obscures amours du *Parc-aux-Cerfs* ne lui offraient plus qu'un délassement passager et insuffisant; d'ailleurs, l'aventure de Mlle de Romans (1), le scandale qui l'avait suivie et les ennuis que cette affaire avait causés au monarque, lui faisaient désirer une liaison plus sérieuse, plus sûre et plus digne de lui.

(1) Sortie du *Parc-aux-Cerfs*, et installée à Passy, Mlle de Romans avait été, pendant près d'un an, la maîtresse secrète du roi. Elle devint enceinte et sollicita la légitimation de l'enfant qu'elle allait mettre au monde ; le roi s'y refusa. La belle accoucha et adressa de nouveau au roi, mais en vain, les plus vives et les plus

Son ministre, le duc de Choiseul, qui ne négligeait aucun moyen de consolider son crédit et de se rendre de plus en plus agréable et indispensable, tenta d'abord, en 1765, de donner pour maîtresse au roi la belle Mme d'Esparbès, qui eut en effet un moment de faveur passagère. Mais « cette femme aux belles mains » voulut aller trop vite en besogne, et le monarque, blessé par les prétentions de sa maîtresse, non encore publiquement avouée, la renvoya brutalement chez son père, à Montauban. Le ministre fit alors offrir secrètement au roi, par un tiers, sa propre sœur, l'ambitieuse duchesse de Grammont. Altière, impérieuse, avide de pouvoir à l'excès, elle avait tellement subjugué son frère, que ce ministre si fier, si absolu, se laissait gouverner par elle et à son gré. Ne sachant à quoi attribuer ce singulier ascendant, la malignité des courtisans leur en avait fait chercher le principe dans une amitié plus que fraternelle entre ces deux personnages, d'ailleurs trop au-dessus des préjugés l'un et l'autre pour se laisser arrêter par ceux de religion ou d'honnêteté publique. Quoi qu'il en

instantes supplications. Le roi tint bon; la maîtresse s'entêta, et publia l'événement d'une façon si bruyante, qu'il fut bien vite connu et commenté comme il méritait de l'être, non-seulement à Versailles et à Paris, mais dans toute la France.

Le roi fut obligé de faire enfermer pendant quelque temps Mlle de Romans à la Bastille, pour étouffer le bruit de ses plaintes.

soit, cette anecdote, fort accréditée à la cour, avait été consignée d'une manière adroite dans les quatre vers suivants, relatifs aux principaux événements d'alors, l'expulsion des jésuites et la mort de la Pompadour :

Après avoir détruit l'autel de Ganymède,
Vénus a quitté l'horizon ;
A ses malheurs encor, France, il faut un remède :
Chasse Jupiter et Junon (1).

La duchesse de Grammont ne demandait pas mieux que de devenir la maîtresse du roi, mais elle voulait avoir les avantages complets de la position, c'est-à-dire être déclarée maîtresse en titre. La succession de la Pompadour avait de quoi la tenter, et un amour secret et éphémère ne pouvait ni la satisfaire ni lui convenir. Il y eut à cette occasion quelques pourparlers qui auraient peut-être abouti, si l'intrigue qui devait élever sur le honteux pavois la maîtresse du comte du Barry n'était venue se mettre au travers des prétentions du duc de Choiseul et de sa sœur, ruiner à jamais les espérances de l'une, et ébranler déjà dans sa base, alors cependant si solide, le crédit et la faveur de l'autre.

La vie du roi s'usait donc uniformément au milieu

(1) *Vie privée de Louis XV*, par Mouffle d'Angerville, publiée sans nom d'auteur. Londres, 1781, 4 vol. *Voyez* t. IV, p. 162.

des mêmes plaisirs; Versailles, ce grand palais solennel qui rappelait de si puissants souvenirs, n'était favorable ni aux folies de la table ni aux amours légers; aussi le roi s'y plaisait-il moins qu'à Choisy, où il allait deux fois par semaine, en compagnie de quelques seigneurs privilégiés et d'un nombre de dames restreint, mais qui étaient condamnées à un excès prodigieux de gaieté et d'esprit, sous peine de voir le roi s'ennuyer et même s'endormir au milieu d'elles. Dans ce joli et pittoresque château, si admirablement situé, si coquet, si élégant, et qui n'avait rien de l'aspect grandiose du majestueux Versailles, le roi autorisait toute licence et permettait toutes folies. Il voulait être amusé avant tout, et l'étiquette était absolument bannie des soupers délicats qu'il offrait à sa petite cour. Douze couverts au plus ; liberté et même ordre de tout dire, de tout faire, récits d'anecdotes graveleuses, critiques, médisances, calomnies où le puissant Choiseul n'était pas lui-même épargné. Plus la farce était drôle, plus le roi était heureux; il riait parfois du bout des lèvres, rarement tout à fait ; mais son air mélancolique et froid se dissipait-il sous un sourire, sa gaieté atteignait-elle par hasard à son paroxysme dans un éclat quelconque rapidement disparu, alors l'assemblée s'abandonnait aussitôt à la plus folle joie, et les chansons méchantes, satiriques et même ordurières couraient la table, chantées par les plus fausses voix du royaume.

C'est à l'un de ces soupers qu'il prit fantaisie à ces convives heureux de célébrer, à tour de rôle, leur bonheur dans des couplets improvisés et dont chacun devait successivement dire quatre vers faisant suite aux précédents. Le précieux recueil manuscrit de Maurepas nous a conservé et transmis cette improvisation en huit couplets, simplement curieux à cause de la haute qualité des improvisateurs :

LE DUC D'AYEN.

Que l'on goûte ici de plaisirs !
Où pourrions-nous mieux être ?
Tout y satisfait nos désirs,
Tout aussi les fait naître.

DE SOUBISE.

N'est-ce pas le jardin
Où notre premier père
Trouvait sans cesse sous sa main
De quoi se satisfaire ?

LE MARQUIS DE ROUVRAY.

Ne sommes-nous pas encor mieux
Qu'Adam dans son bocage ?
Il n'y voyait que deux beaux yeux,
J'en vois bien davantage !...

LE DUC DE RICHELIEU.

Dans ce séjour délicieux
Je vois aussi des pommes
Faites pour charmer tous les yeux
Et damner tous les hommes.

Amis, en voyant tant d'appas,
Quels plaisirs sont les nôtres!...
Sans le péché d'Adamas
Nous en verrions bien d'autres!...

LE ROI.

Il n'eut qu'une femme avec lui,
Encor c'était la sienne:
Ici je vois celle d'autrui
Et n'aperçois pas la mienne!...

LE DUC D'AYEN.

Il buvait de l'eau tristement
Auprès de sa compagne!
Nous autres nous chantons gaîment
En sablant le champagne!
Si l'on eût fait dans un repas
Cette chère au bonhomme,
Le gourmand ne nous aurait pas
Damnés pour une pomme!...

De leur côté, Mesdames, filles du roi, qui représentaient presque à elles seules, dans cette cour licencieuse, le parti de la dévotion et de la piété, avaient imaginé, pour ramener leur père à une vie plus régulière, un moyen désespéré, auquel certainement elles seules pouvaient songer.

La reine était morte le 26 juin 1768 « en pieuse et recommandable personne, » ayant été toute sa vie une femme très-digne et très-honorable, très-estimée et très-vertueuse, mais en revanche fort peu l'épouse qui convenait au débauché Louis XV, à qui il aurait fallu une compagne « moins confite dans le Seigneur, » plus complaisante et plus mondaine. Ce ménage mal assorti faisait cependant au roi un intérieur, un point de réunion de famille où, par habitude sans doute, il aimait à se rendre régulièrement tous les jours dans la matinée avant le conseil, et le soir avant l'heure de son souper. C'est ce ménage, cet intérieur, ce lieu de réunion que les pieuses princesses voulurent rétablir et reconstituer. Elles pensèrent donc à remarier leur père ; elles voulurent donner pour femme à ce vieillard de près de soixante ans, usé et blasé autant qu'on peut l'être, une adorable et malheureuse princesse, — dont la vie à vingt et un ans était déjà un deuil, et dont la mort devait être si affreuse, — cette belle et sympathique Mme de Lamballe, récemment veuve, et après deux ans de mariage, de l'aîné des Penthièvre, le plus infâme débauché de la cour, et qui venait de mourir honteusement à la suite d'orgies indescriptibles.

Pour plaire aux filles du roi, Mme de Lamballe avait consenti à ce que la proposition lui fût faite ; mais, pour le repos et le bonheur de la princesse, Louis XV eut l'esprit de refuser la main charmante qui lui était tendue. M. Capefigue peut bien nous dire que « le roi comprit le ridicule de cette union disproportionnée ; » je crois, pour ma part, que le monarque n'était pas capable d'éprouver ce sentiment élevé et délicat, et que la chaîne du mariage, malgré la légèreté et l'insouciance qui auraient certainement présidé à ce nouveau et déplorable lien, ne lui parut pas bonne à reprendre. Il aimait mieux sa complète liberté, ses maîtresses et ses orgies ; et la proposition de ses vieilles filles, qu'il traitait sans façon ni respect devant ses intimes de « bigotes » et de « cagotes, » n'eut qu'un résultat, celui de faire rire avec eux le sceptique monarque un peu plus que de coutume. C'est au moment même où l'idée de ce mariage fut repoussée, et où d'autre part Mme de Grammont renouvelait chaque jour ses tentatives contre le cœur et les sens de Louis XV, que le duc de Richelieu parla à son maître des charmes, de l'esprit grivois et de la grâce épicée de la belle et célèbre Mlle L'Ange. L'imagination du roi fut aussitôt frappée par la séduisante image que lui fit entrevoir son vieux compagnon de débauches, et il manifesta le désir de connaître au plus vite l'objet nouveau qui devait rajeunir et raviver ses plaisirs.

Où le roi vit-il sa maîtresse pour la première fois ? A quelle époque précise? Chez qui et dans quelles circonstances? Voilà ce qu'il serait bien difficile de constater exactement. Il existe sur ce point dix versions également contradictoires et absurdes. Le récit de Dutens, accepté par MM. de Goncourt (1), est encore le plus vraisemblable. « Le voyageur qui se repose » raconte qu'un souper fut organisé chez Lebel; peu de personnes y assistèrent, mais elles furent choisies avec soin parmi celles que la courtisane connaissait assez intimement pour n'avoir point à se gêner devant elles. On la fit boire, « on la monta avec du champagne au diapason voulu, » et la belle, ne se croyant ni vue ni observée par un invisible témoin, se montra aux convives du pourvoyeur royal sous le jour le plus favorable au rôle qu'on voulait lui faire jouer. Elle fut comédienne habile et intarissable, sans se douter que de sa verve, de ses allures et de sa licence allait dépendre la destinée de sa vie tout entière. Le roi, caché dans une chambre voisine, la regardait par un jour secret ménagé dans le mur de la salle à manger, et il fut tellement émerveillé,

(1) Dutens, *Mémoires*. Paris, 1806, vol. II.

il trouva la personne si fort à son gré, et d'une beauté, d'une grâce, d'un entrain si supérieurs à tout ce qu'il avait pu rêver, que le lubrique vieillard voulut assurer sur-le-champ sa conquête. Lebel, prévenu, vint avertir la petite L'Ange que le roi la mandait, et après lui avoir fait la leçon, il la conduisit à la chambre où l'attendait Louis XV.

La maîtresse de Du Barry eut, peut-être naturellement et sans arrière-pensée, l'esprit de ne point jouer l'embarras, et la bonne foi de ne pas tromper le roi sur son expérience. Elle mit bas les grimaces d'ingénuité, dont Louis XV était rebattu, et le grand luxe de confusion dont les plus savantes croyaient devoir l'hommage au roi. Elle ne contrefit ni l'ignorance, ni la défense, ni la gaucherie. Elle fut elle-même ; elle traita le roi en homme, et l'homme qui était encore dans le roi sortit amoureux de cette première entrevue (1).

Et bien amoureux, en effet ! Succédant à Du Barry dans les bonnes grâces de la dame, comme lui-même succédait à Pharamond dans la liste des rois de France ; seul à ne pas savoir son ignoble passé déjà publiquement proclamé non-seulement par les rapports

(1) *Les Maîtresses de Louis XV*, par MM. de Goncourt, t. II, p. 145.

vrais, mais aussi par les calomnies que les jaloux d'une fortune d'à peine quelques jours commençaient à faire circuler autour de l'astre naissant; poursuivi par les coupletiers vengeurs de la rue, au lendemain même de ses nouvelles amours, et chansonné dans tous les carrefours par son peuple moqueur, ce roi croupissant dans sa fange allait introduire dans le Versailles de La Vallière et de Louis XIV « les vils restes ramassés au ruisseau de la corruption publique!... » Mais ce n'est pas tout de l'aimer en secret! La maîtresse du roi ne doit être ni obscure ni cachée; c'est le grand jour qu'il lui faut! Elle sera présentée à la cour, et déclarée maîtresse en titre! C'est-à-dire que son amant la traitera, à peu de chose près, comme si elle était la reine de France, et que quiconque, à l'exemple de Choiseul, de Praslin ou de la princesse de Guéméné, aura l'audacieux courage de protester contre cette honteuse impudeur, sera brisé comme verre aux pieds de la courtisane toute-puissante.

En la prenant pour maîtresse, le roi ne connaissait pas ou connaissait mal les antécédents de celle qui l'avait si vite captivé. Aussi, quand, après quelques jours d'enivrement et de bonheur, poussée par ses ambitieux protecteurs, qui ne l'avaient lancée si haut que pour tirer d'elle le salaire de sa prostitution et de leur complaisance, la belle se montra exigeante, réclamant le bénéfice palpable et assuré de ses faveurs ; quand, voyant le roi à ses pieds, tendre, amoureux, obéissant, elle put calculer l'étendue de son crédit et de sa puissance, et entrevoir aussi bien par ses yeux que par ceux de ses entremetteurs le parti à tirer d'une position inespérée, laquelle pouvait crouler d'autant plus vite que l'élévation avait été plus rapide ; quand enfin, le marché pour ainsi dire à la main, elle voulut être tout ou bien n'être plus rien, son royal amant ouvrit enfin les yeux et se demanda s'il pouvait bien, sans trop de honte et de ridicule, installer sur le trône de ses impudiques amours, où avaient régné tour à tour avec une certaine grandeur Châteauroux et Pompadour, cette fille de la rue sortie du tripot d'un seigneur de souche douteuse et jetée dans sa couche royale sans qu'il se fût seulement inquiété de savoir d'où sa facile conquête était venue ! .. Lebel dut avouer la vérité, et il la dit tout entière. Il ne cacha ni la naissance illégitime, ni les irrégularités de jeunesse, ni les souillures nombreuses de Mlle L'Ange : il fallait bien que le roi sût que le comte Du Barry lui avait vendu sa maîtresse, dont il commençait à se lasser et dans laquelle, disait-on, il ne voyait plus dans les derniers temps de leur liaison qu'un appât charmant destiné à entretenir et à faire prospérer l'achalandage de sa maison transformée en tripot !... A son honneur, il faut le dire bien vite, le roi rougit un moment de l'abjection et de la honte de sa passion nouvelle ; mais l'amour reprenant le dessus, le sexagénaire débauché comprit plus vite encore qu'il n'aurait plus ni la force ni le courage de renoncer aux enivrements inconnus dont il avait goûté les irrésistibles jouissances, et il chercha le moyen de conserver son bonheur en sauvant au moins les apparences de sa dignité.

La dame n'avait pas d'aïeux ? On pouvait lui en faire. Son état civil était irrégulier ? Il était facile de lui en constituer un nouveau, faux il est vrai, mais qu'on pourrait ainsi rédiger comme il semblerait utile et bon. Enfin, elle n'avait ni nom ni état dans le monde ? On pouvait encore remédier à cela. Il s'agissait tout bonnement de marier la courtisane à un personnage complaisant qui consentirait, moyennant un prix raisonnable, à s'éloigner aussitôt après la cérémonie, en laissant à sa femme la liberté complète d'agir en tout et pour tout à son gré. Au premier abord, découvrir un tel homme pouvait paraître chose impossible ! Mais Dominique Lebel n'était jamais à bout d'expédients ; il avait des connaissances nombreuses, des relations utiles et des amis dévoués ; le roi se reposa sur lui du soin de pourvoir à l'établissement de sa maîtresse. Celui-ci s'en vint trouver son digne et excellent ami et complice, l'honorable comte Du Barry, à qui il fit part des ordres du roi. C'est alors que le roué regretta sincèrement de ne pouvoir remplir lui-même le rôle de ce mari accommodant qui semblait si difficile à trouver ! Il s'était, hélas ! marié pour avancer ses affaires, et sa femme ne lui avait été jusqu'alors qu'une incommodité et qu'un ennui. Il jura ses grands dieux — car il jurait beaucoup ! — mais un peu tard, qu'on ne l'y prendrait plus. Il aurait pu être le mari de la maîtresse du roi !... Échapper à un tel honneur !... Être obligé d'avoir recours à un autre qu'à soi-même pour occuper un poste aussi enviable et aussi glorieux !... Après s'être bien dit inutilement tout cela, Du Barry, songeant que ces regrets rétrospectifs ne pouvaient rien contre l'immuable impossibilité de sa situation, réfléchit en même temps qu'il lui était facile de se substituer un autre lui-même, lequel, stylé, conseillé et soufflé par lui, tiendrait avec le même zèle et la même conscience l'office de mari *in partibus* qu'on désirait acheter à beaux deniers comptants. Puis, ne voulant pas que l'honneur de fournir un mari à la prostituée du roi manquât au lustre de sa famille, il proposa son frère Guillaume comme parfaitement apte et propre à remplir l'emploi désiré.

Il importait fort peu au roi que sa maîtresse fût

d'une noblesse bien considérable et bien authentique. Il lui voulait avant tout un titre, un nom et une position : le roi de France pouvait bien afficher Mme la comtesse Du Barry et s'afficher lui-même avec elle, mais décemment il était impossible qu'il songeât à faire accueillir par sa cour, si dégradée et si obséquieuse qu'il pût la supposer, une fille de rien, sans famille connue ou avouable, et dont le passé trop publiquement célèbre devait être nécessairement, tant bien que mal, lavé, blanchi et relevé aux yeux de tous. Ce Guillaume Du Barry habitait alors Toulouse, où résidait également sa mère. Eut-elle une louable pudeur et se borna-t-elle à donner son consentement par procuration, pour s'épargner la vue d'une telle fiancée et d'une telle alliance? A la rigueur on peut le supposer, car en présence du honteux empressement de son fils à se conformer aux ordres du roi et à l'invitation de son frère, elle refuse de le suivre à Paris, l'autorise par acte à contracter mariage « avec telle personne qu'il jugerait à propos, » et par cet oubli volontaire du nom de la future dans la pièce qu'on va lire, elle évite en quelque sorte de sanctionner l'union infâme qui se prépare :

Par-devant le notaire royal de la ville de Toulouse et témoins bas nommés, fut présente dame Catherine de Lacaze, veuve de noble Antoine Du Barry, chevalier de l'ordre militaire de Saint-Louis, habitant de cette ville ;

Laquelle a fait et constitué pour son procureur général et spécial M. Jean Gruel, négociant, rue du Roule, à Paris, auquel elle donne pouvoir de, pour elle et en son nom, consentir que noble Guillaume Du Barry, ancien officier d'infanterie, contracte mariage avec telle personne qu'il jugera à propos, pourvu toutefois qu'elle soit approuvée et agréée par ledit sieur procureur constitué et que la bénédiction nuptiale lui soit départie suivant les constitutions canoniques, par le premier prêtre requis, sans cependant que ladite dame constituante entende rien donner à son fils dans son contrat de mariage ; voulant en outre que les précédentes vaillent, nonobstant surannotation et jusqu'à révocation expresse, promettant, obligeant, renonçant.

« Fait et passé audit Toulouse, dans notre étude, le quinzième jour du mois de juillet, avant midi, l'an 1768, en présence des sieurs Bernard Joseph Fourmont et Bonaventure Calvet, praticiens, habitant cette ville, soussignés avec ladite dame constituante, et Saus, notaire.

« Signé : DE LACAZE DU BARRY, FOURMONT, B. CALVET, et SAUS, notaire, avec paraphe. »

Muni de cet acte élastique, Guillaume Du Barry accourt à Paris, vient trouver son frère, prend ses derniers ordres, et le contrat de mariage s'élabore activement. Mais pour se marier, alors comme aujourd'hui, il fallait avant tout produire un acte de naissance. Or, nous l'avons dit, Jeanne Béqus est fille naturelle, son nom n'a rien d'élégant, et le roi ne veut pas livrer aux officiers ministériels ni au clergé qui vont procéder à l'union de sa maîtresse le secret de sa vulgaire et illégitime extraction. Et pour compléter les accessoires burlesques de cette burlesque comédie, on fabriqua un faux acte de naissance! Comment fut-il possible d'obtenir officiellement la curieuse expédition de ce faux acte, revêtu de tous les caractères d'une parfaite authenticité ? C'est ce qu'on ne sait pas très-bien. Quoi qu'il en soit, voici l'acte qui fut produit au mariage, annexé à la pièce constatant sa célébration religieuse à la paroisse Saint-Laurent, et qui a depuis séduit et trompé presque tous les biographes de Mme Du Barry :

Extrait des registres de baptême de la paroisse de Vaucouleurs, diocèse de Touls, pour l'année mil sept cent quarante-six.

« Jeanne, fille de Jean-Jacques Gomard de Vaubernier, et d'Anne Bécu, dite Quantigny, est née le dix-neuf août mil sept cent quarante-six, a été baptisée le même jour, a eu pour parrain Joseph de Mange, et pour marraine Jeanne de Birabin, qui ont signé avec moi :

« L. GAON, vicaire de Vaucouleurs; Joseph de MANGE; Jeanne de BIRABIN. »

« Je soussigné, prêtre-curé de la paroisse et ville de Vaucouleurs, diocèse de Touls, certifie, à qui il appartient, le présent extrait conforme à l'original.

« A Vaucouleurs, ce quatre juillet mil sept cent cinquante-neuf.

« L. P. Dubois. »

« Nous, Claude François Duparge, licencié ès-loix, conseiller du roi, commissaire enquesteur-examinateur en la ville et prévôté de Vaucouleurs, faisant les fonctions de M. le président prévost, absent, certifions que les écriture et signature ci-dessus sont du sieur Dubois, curé de Vaucouleurs, et que foy y est et doit y être ajoutée. En témoignage de quoi nous avons signé les présentes et scellé de notre cachet.

« A Vaucouleurs, ce quatre juillet mil sept cent cinquante-neuf.

« Signé: Duparge, avec paraphe.

« Approuvé l'écriture, Duparge (1). »

Une chose curieuse à remarquer tout d'abord dans la confection de cette fausse pièce, est la date même de sa soi-disant délivrance. Le mariage a lieu en 1768, et, pour éloigner tout soupçon, on produit pour sa célébration un prétendu acte de naissance qu'on aurait eu ainsi en réserve depuis l'année 1759!

Il est probable, dit M. Le Roi, que celui qui joua le rôle le plus important dans la fabrication de cet acte fut cet abbé Gomard, aumônier du roi, qu'on va

(1) Bibliothèque de Versailles. V. *Curiosités historiques* de J. A. Le Roi, p. 337 et suivantes.

voir figurer à la célébration du mariage comme fondé de pouvoirs de la mère et du beau-père de Mme Du Barry. Depuis longtemps cet abbé était lié avec le ménage Rançon, et les pamphlets du temps disent qu'il connaissait très-bien le père de Jeanne Béqus ou Bécu ; il était de plus intime avec Lebel et avec le comte Jean. On peut donc supposer que ce fut lui qui fit placer dans cet acte le nom de son propre frère, Jean-Jacques Gomard de Vaubernier, mort depuis longtemps, comme père de celle qu'il fallait anoblir, et en fit ainsi une fille légitime (1).

Il est curieux, au reste, d'examiner les transformations que l'on fit subir à l'acte primitif. D'abord, et c'était la partie essentielle, on donne un père à la fille naturelle ; et comme le nom de Gomard tout court est encore bien bourgeois, on y ajoute celui de Vaubernier. Puis, comme le parrain et la marraine doivent être à la hauteur du père de l'enfant, on fait du simple Joseph Demange, M. Joseph de Mange, avec une particule, et de Jeanne Birabin, qui, suivant l'usage de la campagne, est appelée la Birabine et

(1) Cet abbé Gomard était un pauvre hère qui dut facilement se prêter pour de l'argent au rôle qu'on lui fit jouer dans cette affaire. On voit dans les papiers de la Du Barry, réunis à la bibliothèque de Versailles, qu'aussitôt installée à la cour, elle lui donna de l'argent, le fit habiller par son tailleur, et qu'on le nomma aumônier du roi.

signe comme on est dans l'habitude de l'appeler, on fait Mme de Birabin. Enfin, comme il paraîtra plus agréable au roi de lui donner pour maîtresse une *demoiselle noble et mineure* qu'une fille *naturelle et majeure*, on retranche trois ans de l'acte primitif, et on fait naître Mme Du Barry le 17 août 1746 au lieu du 19 août 1743 (1).

Tels sont les préliminaires de cette honteuse et ignoble comédie! C'est à l'aide d'un faux qu'on parvient à constituer un état et un nom à cette bâtarde vulgaire, et on se demande comment un roi de France a jamais pu prêter la main à de semblables machinations. Mais ce n'est là que le commencement de sa décrépitude morale, et nous le verrons passer par bien d'autres abaissements volontaires avant l'heure prochaine où une mort honteuse — non moins honteuse que sa vie — doit le jeter putréfié et pourri dans la tombe!...

L'acte de naissance obtenu, on ne perdit pas de temps, et le contrat de mariage put être signé huit jours après l'autorisation donnée par sa mère au futur mari.

Voici tout au long cette singulière pièce :

(1) *Curiosités historiques.*

Par-devant les conseillers du roi, notaires au Châtelet de Paris, furent présents :

Haut et puissant seigneur messire Guillaume, comte Du Barry, chevalier, capitaine des troupes détachées de la marine, demeurant à Paris, rue Neuve-des-Petits-Champs, paroisse de Saint-Roch, majeur, fils de défunt messire Antoine, comte Du Barry, chevalier de l'ordre royal et militaire de Saint-Louis, et de dame Catherine Delacaze, son épouse, actuellement sa veuve, demeurant à Toulouse, contractant pour lui et en son nom ;

Sieur André-Marie Gruel, négociant à Paris, y démeurant, rue du Roule, paroisse Saint-Germain-l'Auxerrois, au nom et comme fondé de la procuration spéciale, à l'effet du mariage dont va être parlé, de ladite dame Du Barry mère, passé devant Saus, notaire à Toulouse, en présence de témoins, le 15 juillet présent mois, dont l'original, dûment contrôlé et légalisé, est, à la réquisition du sieur Gruel, demeuré annexé à la minute des présentes, préalablement de lui certifié véritable, signé et parafé en présence des notaires soussignés ;

Ledit sieur Gruel, audit nom, assistant et autorisant autant que de besoin ledit seigneur comte Du Barry, d'une part ;

Et sieur Nicolas Rançon, intéressé dans les affaires du roi, et dame Anne Bécu, son épouse, qu'il autorise à l'effet des présentes, demeurant à Paris, rue du Ponceau, paroisse Saint-Laurent, ladite dame auparavant veuve du sieur Jean-Jacques Gomard de Vaubernier, intéressé dans les affaires du roi, stipulant pour Mlle Jeanne Gomard de Vaubernier, fille mineure de ladite dame Rançon et dudit feu sieur Gomard de Vaubernier, son premier mari, demeurant avec eux, à ce présente et de son consentement pour elle et en son nom ;

lesquels, dans la vue du mariage proposé et agréé entre ledit sieur comte Du Barry et ladite demoiselle Gomard de Vaubernier, qui sera célébré incessamment en face d'Église, ont pris par ces présentes volontairement fait et rédigé les clauses et les conditions dudit mariage ainsi qu'il suit, en la présence et de l'agrément de haut et puissant seigneur messire Jean, comte Du Barry-Cérès, gouverneur de Lévignac, frère aîné dudit seigneur futur époux, et de Claire Du Barry, demoiselle majeure, sœur dudit seigneur futur époux :

ARTICLE PREMIER. — Il n'y aura point communauté de biens entre ledit seigneur et demoiselle future épouse, dérogeant à cet égard à la coutume de Paris et à toute autre qui l'admette entre conjoints ; et, au contraire, ils seront et demeureront séparés de biens, et ladite demoiselle future épouse aura seule la jouissance et l'administration des biens, droits et actions, meubles et immeubles qui lui appartiennent et pourront lui appartenir dans la suite à tel titre que ce soit.

ART. 2. — La demoiselle future épouse se marie avec les biens et droits qui lui appartiennent et qui lui appartiendront par la suite, dont elle aura l'administration, comme il est ci-devant dit. Et son mobilier consiste en la somme de 30,000 livres, composé de bijoux, diamants, habits, linge, dentelles et meubles à son usage, le tout provenant de ses gains et ses économies, et dont, pour éviter la confusion avec le mobilier dudit sieur futur époux, il a été fait et dressé un état, transcrit sur les deux premières pages d'une feuille de papier à lettre, lequel est, à leur réquisition, demeuré annexé à la minute des présentes, après avoir été desdites parties contractantes signé et parafé, en présence des notaires soussignés.

ART. 3. — Tous les meubles et effets qui se trouveront

dans les maisons qu'occuperont les futurs époux, tant à Paris qu'à la campagne, autres que ceux désignés dans l'état ci-annexé, seront censés appartenir et appartiendront en effet audit seigneur futur époux ; et si dans la suite ladite demoiselle future épouse fait quelque achat de meubles et effets, elle sera tenue de retirer quittances en forme et pardevant notaire du prix d'iceux.

ART. 4. — Tous les biens appartenant aux demoiselle et seigneur futurs époux, et ceux qui leur échoiront pendant le mariage, à tel titre que ce soit, tant en meubles qu'immeubles, seront réputés propres à chacun d'eux et aux leurs, de côtés et lignes respectivement.

ART. 5. — Ledit seigneur futur époux a doué et doue la demoiselle future épouse de 1,000 livres de rente de douaire préfix, dont le fonds, en denier 25, demeurera propre aux enfants à naître dudit mariage.

ART. 6. — Arrivant le décès de l'un des futurs époux, le survivant aura et prendra sur les biens du prédécédé, par forme de gain de survie, en meubles et effets prisés sans criée, la somme de 10,000 livres ou ladite somme en deniers comptants, au choix dudit survivant.

ART. 7. — Il est convenu que ladite demoiselle future épouse demeurera chargée seule de la conduite et de toutes les dépenses du ménage, tant pour la nourriture que pour les loyers ou appartements qu'ils occuperont, gages de domestiques, linge de table, ustensiles de ménage, entretien d'équipages, nourriture de chevaux et toutes autres dépenses quelconques, sans exception, tant envers ledit seigneur futur époux qu'envers les enfants à naître dudit mariage, qu'elle sera tenue d'élever et faire éduquer à ses frais, à la charge dudit seigneur époux, ainsi qu'il s'y oblige, de payer à ladite demoiselle future épouse la somme de

6,000 livres de pension, pour tenir lieu de sa moitié dans lesdites dépenses et entretien du ménage, par chaque année, de six mois en six mois, et toujours d'avance, en sorte que les six premiers mois seront exigibles le lendemain de la célébration du mariage.

C'est ainsi que le tout a été convenu et arrêté entre les parties, promettant, obligeant, renonçant.

Fait et passé à Paris, en la demeure dudit seigneur comte Du Barry, futur époux susdésigné.

L'an 1768, le 23 juillet, après midi, et ont signé :

J. Gomard de Vaubernier, le chevalier Du Barry, Gruel, le comte Du Barry-Cérès, A. Bécu, C.-F. Du Barry, Rançon.

La minute des présentes demeurée à Me Garnier-Deschênes, l'un des notaires, etc.

Comme on le voit, c'est bien un mariage de complaisance, car ce bizarre contrat stipule en faveur de l'épouse des droits de liberté extraordinaires et annule absolument tous ceux qu'a généralement l'époux. Ce contrat déclare encore que la future possède en propre une somme de trente mille francs en objets divers « *provenant de ses économies*. » Voici le détail non moins curieux de ces objets, toujours d'après les pièces annexées au contrat de mariage, possédées par la bibliothèque de Versailles, et publiées par le savant M. Le Roi dans le précieux livre auquel nous faisons ces emprunts :

État des meubles, habits, linge, hardes et bijoux, dentelles et autres effets appartenant à Mlle Gomard de Vaubernier :

1° Un collier de diamants fins évalué à. . .	8,000 liv.
2° Une aigrette et une paire de boucles d'oreilles en girandole, le tout estimé à. . .	8,000 —
3° Un lit complet, les rideaux, ciel, dossier et bonnes grâces de damas vert ; une tenture servant de tapisserie, de pareil damas ; huit chaises, quatre fauteuils et deux rideaux de fenêtres aussi en pareil damas vert, le tout évalué à.	3,000 —
4° Trente robes et jupons de différentes étoffes de soie or et argent, de toutes saisons, évaluées à.	3,000 —
5° Dentelles d'Angleterre, de Bruxelles, de Valenciennes, d'Argentan et autres, tant en garnitures de robes qu'en manchettes, bonnets ou autrement.	6,000 —
6° Six douzaines de chemises fines de toile de Hollande, garnies de manchettes de mousseline brodée ; douze déshabillés complets de différentes étoffes de soie et autres, deux douzaines de corsets et plusieurs autres linges et effets à l'usage de ladite demoiselle de Vaubernier, le tout évalué à.	2,000 —
Total. . . .	30,000 liv.

Ce trousseau magnifique, c'est le roi qui l'a fourni. Cette maîtresse de quelques mois seulement a déjà puisé à pleines mains dans les coffres de l'État, et nous verrons bientôt que ce premier cadeau fut modeste, à le comparer à ceux qui devaient le suivre !... Le 1er septembre 1768, cette incroyable aventure parvient à son complet dénoûment : la farce s'achève en pleine église, celle de Saint-Laurent, où a lieu la cérémonie du mariage, en secret, en l'absence de la mère du marié et de celle de la mariée, qui ont toutes deux transmis leurs procurations à des tiers, ainsi que cela est énoncé dans l'acte de célébration, ainsi conçu :

Le 1er septembre 1768, après publication de trois bans sans empêchement, en cette paroisse Saint-Laurent et en celle de Saint-Eustache, les 24, 25 et 31 juillet dernier, vu la procuration donnée par la mère de l'époux à Jean Gruel, négociant à Paris, rue du Roule, auquel elle donne pouvoir de, pour elle et en son nom, consentir au présent mariage; vu pareillement la procuration des beau-père et mère de l'épouse, donnée à messire Jean-Baptiste Gomard, prêtre, aumônier du roi, auquel ils donnent pouvoir de les représenter lors de la célébration de ce mariage ; les fiançailles célébrées aujourd'hui, ont été par nous mariés messire Guillaume, comte Du Barry, ancien capitaine, et demoiselle Jeanne Gomard de Vaubernier, âgée de vingt-deux ans, fille de Jean-Jacques de Vaubernier, intéressé dans les affaires du roi, et d'Anne Bécu, dite Cantigny, etc.

Après le mariage, et selon les conventions faites,

le mari, gorgé d'or et de promesses, repart aussitôt pour Toulouse, où il est condamné à résider jusqu'à la mort du roi. Je dirai plus tard ce qu'il advint de lui et de sa famille. Quant à la nouvelle mariée, devenue comtesse Du Barry par le fait de cette union, et portant ainsi un nom et un titre qui peuvent permettre au roi moins de retenue et de secret dans sa passion, elle est installée aussitôt et définitivement à Versailles.

Son appartement, dit M. Le Roi, était situé au deuxième étage, précisément au-dessus de celui du roi (1). Louis XV pouvait s'y rendre à toute heure et sans être vu, soit par un escalier aboutissant au balcon de la cour des Cerfs, soit par la bibliothèque, située au-dessus du grand cabinet, dont une porte ouvrait sur un petit palier donnant entrée dans un des deux cabinets placés de chaque côté de l'alcôve de la chambre à coucher de Mme Du Barry. De ce moment, Mme Du Barry allait avoir un équipage et des gens; il fallait les loger en ville et avoir un hôtel comme tous les grands seigneurs qui habitaient Versailles. Le 22 décembre 1768, on passe un bail en son nom avec

(1) Sous Louis XVI, ce même appartement fut changé dans sa disposition et devint le petit appartement particulier de la reine Marie-Antoinette.

Singulière époque, où les reines et les courtisanes se succédaient dans le palais comme dans le cœur des rois!...

la veuve Duru, pour un hôtel situé à Versailles, rue de l'Orangerie, et c'est là qu'elle établit sa maison.

Et maintenant, si l'on veut savoir comment la courtisane était logée à Versailles, il faut lire la curieuse description de sa demeure et de son ameublement, donnée encore par M. Le Roi, d'après les mémoires des fournisseurs et autres, conservés aux archives de la préfecture de Seine-et-Oise. Tout ce que le luxe a imaginé pour complaire aux besoins de frivolité et de superfluité d'une courtisane riche et puissante se trouve réuni dans cette relation comme dans une sorte de catalogue de vente publique, où miroite aux yeux d'acheteurs éblouis une série incommensurable de merveilles inutiles ! Toutes les splendeurs du rococo, toutes les magnificences du style maniéré, précieux et délicat de ce siècle dégénéré, se succèdent dans cette description. Et si l'on pouvait mettre en face de chaque objet le prix qu'il a valu, on aurait l'idée des sommes énormes qu'avait déjà coûté à la France, après si peu de temps de faveur, cette fille publique qui régnait dès lors à Versailles !...

Dans le salon, on voyait sur la cheminée une magnifique pendule à colonnes, ornée de figures de porcelaine ; et au milieu, une superbe table ornée de porcelaines de France : le dessus, qui était le morceau principal, représentait un tableau en miniature d'après Leprince, les garnitures de bronze, parfaitement ciselées et dorées d'or mat. — Il y avait aussi un très-beau forte-piano anglais, qu'on avait fait organiser à Paris par le fameux Clicot, avec flûtes et galoubet, un mouvement pour le luth et deux autres pour les cymbales, la caisse que l'on fut obligé d'y ajouter pour contenir les tuyaux et les soufflets était plaquée en bois rose et à mosaïques blanches et bleues, et très-richement garnie de bronzes dorés d'or mat. — Sur un des côtés était une superbe commode d'ancien laque, de la première qualité, le panneau du milieu à magots très-richement habillés, les frises plaquées en ébène, les garnitures de bronze, ciselées et dorées d'or mat, le marbre blanc de statuaire. — Et de l'autre côté une autre belle commode, ornée de cinq morceaux de porcelaine de France, à fleurs et filets d'or, très-richement garnis de bronzes bien finis et dorés d'or mat; le devant doublé en tapis vert et galonné d'or; le marbre blanc de statuaire. Sur chacune de ces commodes se trouvait : d'un côté, un très-fort groupe de bronze et de couleur antique, composé de quatre figures représentant l'enlèvement d'Hélène par Pâris, le tout sur un pied de bronze doré d'or moulu; — et de l'autre côté, un autre groupe de bronze plus petit et d'après Sarrazin, composé de cinq enfants qui jouent avec un bouc, le tout sur un pied de marqueterie de Boule et orné de bronzes dorés d'or moulu. — Enfin un fort lustre de cristal de roche, à six luminaires, et ayant coûté 16,000 livres, était appendu au milieu de la pièce. Comme l'on jouait souvent dans ce petit salon, Mme Du Barry avait fait faire une boîte de jeux dont ces mémoires nous ont conservé la description.

Cette boîte était en acajou, doublée en tapis bleu, galonnée en or; elle renfermait quatre boîtes à quadrilles en ivoire, le trèfle, le pique, le cœur et le carreau en or incrustés sur chacune desdites boîtes, et entourés d'un cartouche avec nœuds de rubans, le tout en or et aussi incrusté; — les quatre-vingts fiches et les vingt contrats distingués par le trèfle, le pique, le cœur et le carreau, aussi en or et incrustés.

Dans la chambre à coucher, il y avait une commode ornée de tableaux de porcelaine d'après Watteau et Wanloo, très-richement garnie de bronzes très-bien finis et dorés d'or mat; un secrétaire en armoire, de porcelaine de France, fond vert et à fleurs, richement garni de bronzes dorés d'or moulu. On voyait sur les meubles deux cuvettes à mettre des fleurs, en porcelaine de France, fond petit vert, à marines en miniatures. — Une cuvette gros bleu caillouté d'or, avec des sujets de Téniers en miniature, et deux autres moins grandes et décorées de même. — Sur la cheminée, une pendule dorée d'or de Germain; elle représentait les trois Grâces supportant un vase dans lequel était un cadran tournant, et au-dessus un Amour indiquant l'heure avec sa flèche; le tout était élevé sur un piédestal très-bien ciselé et doré.

Le cabinet ne le cédait point au reste. Sur la cheminée était une pendule à vase et serpent, en bronze doré d'or moulu, le cadran tournant; le piédestal garni de trois morceaux de porcelaine de France, fond bleu, avec des enfants en miniature; le dard du serpent fait en maréassite. On y voyait aussi une très-jolie table à gradins, en porcelaine de France fond vert et cartouches à fleurs, très-richement ornée de bronzes dorés d'or moulu, le dessus du tiroir couvert d'un velours vert et les pièces d'écritoire dorées. Sur des étagères on remarquait, parmi une quantité d'objets de toutes sortes: une cassette d'ancien laque, fond noir, ouvrage en or de relief et aventurine, avec paysages et magots; cinq tasses et soucoupes d'ancien saxe à tableaux et à miniatures, avec la théière et la boîte à thé pareilles ; — une cave, composée de quatre gros flacons, un gobelet et sa soucoupe, le tout de cristal de roche ; six petits flacons de cristal de Bohême, deux cuillers et un entonnoir d'or ; les dix flacons garnis d'or, et le tout dans une boîte de bois des Indes garnie de velours rouge.

Cette jolie cave avait été achetée à la vente de Mme de Lauraguais. — Enfin, on remarquait encore dans ce cabinet un baromètre et un thermomètre de Passemant, montés très-richement en bronzes dorés d'or moulu, et ornés de trois plaques de porcelaine de France, à enfants en miniature.

Tout, jusqu'aux lieux les plus secrets de ce petit appartement, portait le goût du luxe de la comtesse. Ainsi, dans le petit couloir qui menait à la garde-robe, on voyait au-dessous de la croisée une commode à portes de cinquante-deux pouces de long, en bois rose et garnie de bronzes dorés d'or moulu, le marbre en brèche d'Alep ; et dans la garde-robe un meuble de toilette secrète à dossier, en marqueterie, fond blanc à mosaïques bleues et filets noirs, avec rosettes rouges, garni de velours bleu brodé d'or, et sabots dorés d'or moulu ; la boîte à éponges et la cuvette en argent, deux tablettes d'encoignure, aussi en marqueterie, garnies de bronzes dorés d'or moulu ; et une chaise de garde-robe en marqueterie pareille aux autres meubles, la lunette recouverte de maroquin, et les poignées et sabots dorés d'or moulu (1).

(1) *Curiosités historiques*, p. 258 et suivantes.

TROISIÈME PARTIE

Le véritable roi de France était alors Étienne-François, comte de Stainville, duc de Choiseul, pair du royaume, colonel général des Suisses, ministre de la guerre et des affaires étrangères. Il avait dû son entrée aux affaires et sa puissance à la précédente maîtresse du roi, cette Pompadour intelligente et artiste, et qui sut au moins montrer dans sa coupable élévation une dignité et une grandeur qui peuvent être non sa justification, mais au moins quelque peu son excuse. C'est sur ce personnage actif, habile, expérimenté et en même temps brillant et léger, que reposait tout le système gouvernemental, et le roi avait en lui une telle confiance, et d'autre part il éprouvait un tel dégoût du travail et une si grande lassitude des choses sérieuses, qu'il laissait depuis longtemps à son ministre et à sa maîtresse le soin et la direction générale des affaires. Louis XV ne pouvait se passer de Choiseul, et Choiseul devait se croire invulnérable parce qu'il se savait indispensable. En effet, outre le besoin qu'il avait de lui, le roi ressentait pour son ministre une sympathie que l'adroit Choiseul avait l'art d'entretenir par d'ingénieux compromis qui, ayant l'air de concessions faites à l'amour-propre du roi, donnaient au souverain l'apparence d'une initiative personnelle qu'il n'avait jamais guère eue, et qu'il était alors moins que jamais capable d'avoir.

Certain de sa force, menant de front toutes les affaires, premier ministre, roi véritable, Choiseul avait un grand défaut qui lui valut ses meilleurs ennemis : il était fier, hautain, arrogant et même insolent. Il savait si bien que la France c'était lui, qu'il éprouvait le besoin de le faire sentir à tout le monde, et son absolutisme ne pouvait se faire à l'idée d'une contradiction. Aussi l'avénement de la nouvelle maîtresse ne lui causa-t-il, à son début, aucune inquiétude ; son abjection même, l'obscurité de son origine, l'impossibilité de faire admettre publiquement à la cour une fille de rien, sortie des plus mauvais lieux, étaient pour le ministre de sûrs garants de l'éphémère durée du nouveau caprice royal. Cette liaison lui inspira donc tout d'abord un grand mépris et une parfaite insouciance. Mais il n'en fut pas de même de la duchesse de Grammont, l'altière et impérieuse sœur du ministre, et que le dépit et la jalousie devaient, dans la guerre qu'elle allait livrer, pousser aux plus condamnables extrémités. Mieux que son frère, elle comprit dès le premier jour que son rôle était fini, et qu'à moins de plier, de se faire humble, petite, basse, et de s'agenouiller sous la honte aux pieds de l'idole nouvelle, il fallait lui céder tout à fait la place et disparaître à jamais devant elle. Mais elle ne voulut pas abandonner ses ambitieuses espérances sans se venger, dans la mesure possible, de l'oubli où la précipitait l'intronisation de celle qu'elle appelait « une rivale. » Elle n'avait pas été, mais elle aurait pu être, elle aurait surtout voulu être la maîtresse du roi. Elle eût tout sacrifié, honneur et respect de famille, à cette ambition insensée. Mais elle devait aujourd'hui perdre tout espoir et, devant la volonté du monarque, vivre presque toujours loin de Paris et de Versailles, à ce Chanteloup dont les disgrâces successives des Choiseul ont fait la célébrité ! C'est là, dans l'oisiveté de sa retraite obligée, qu'elle organisa l'arsenal de sa vengeance. Elle eut à ses ordres des écrivains de tous les talents et de tous les genres, obscurs ou connus, dont elle paya fort cher les diatribes et les pamphlets, espérant encore abattre à coups de satires et de chansons moqueuses et sanglantes, et aussi étouffer sous le ridicule, qui tue tout en France, cette fille des carrefours qui l'avait si impudemment supplantée dans le cœur et à la cour de Louis XV !...

L'histoire du règne de Mme Du Barry pourrait s'écrire aussi bien en chansons. Le comte de Maurepas, homme d'esprit, mais de mœurs légères, et qui expia dans une disgrâce de vingt-cinq ans un couplet médiocre contre les amours de son maître, imagina, comme distraction des loisirs de son exil, de collectionner toutes les chansons qui couraient alors la ville à propos de tout événement nouveau. Aujourd'hui nous faisons des brochures sur les questions qui occupent les esprits ; la solution arrive ou n'arrive pas, la brochure est vite oubliée. La chanson jouait en ce temps-là, d'une façon plus légère, le rôle que remplit aujourd'hui la brochure, ayant cependant sur elle l'avantage incontestable de résumer, en quelques vers faciles à comprendre et dans une forme commode à retenir, le fait saillant et intéressant qu'on voulait célébrer ou critiquer. Il n'y avait alors ni journal du soir ni *Moniteur* officiel publiquement placardé, et la masse du populaire n'apprenait souvent l'histoire du jour que dans les chansons. Cette collection de M. de Maurepas, en manuscrit à la Bibliothèque impériale, est le recueil aussi complet que possible de ces petites satires journalières, presque toutes sans auteur connu ou avoué ; souvent il contient plusieurs chansons sur le même sujet, et même il en cite de fort grivoises et de tout à fait graveleuses qui ne sauraient être reproduites. Dans ces chansons, la plupart de celles qui ont pour objet la Du Barry et son royal amant sortent de l'officine occulte de la duchesse de Grammont. Et il ne faut pas s'étonner qu'elles aient pu circuler aussi librement sous l'œil de la police attentive. Le duc de Choiseul lui-même avait ouvert aussi les yeux ; le voile était tombé ; la Du Barry mariée lui apparaissait enfin non plus comme cette maîtresse d'un jour dont il avait ri de pitié, mais bien comme une passion sérieuse et durable. Cependant cet homme altier, qui avait refusé les premières avances faites pour le séduire, et même montré très-fièrement son dégoût et son mépris, ne voulut pas revenir sur ce qu'il avait fait. Il résolut de tenir tête à l'orage, et il préféra les mécomptes d'une honorable disgrâce à l'humiliation d'une honteuse condescendance. Il fut d'ailleurs excité et soutenu dans ce rôle difficile d'abord par les conseils exaltés de sa furieuse sœur, puis par la courageuse amitié de son cousin, le duc de Praslin, alors ministre de la marine, qui partagea ses sentiments et imita sa conduite.

Cependant, il faut dire qu'au commencement de la lutte il se croyait si certain de la victoire et si sûr de lui-même et de son pouvoir sur le roi, qu'il ne pouvait alors redouter déjà une disgrâce. Ce fut donc moins dans cette crainte que pour satisfaire le ressentiment de sa sœur qu'il résolut d'ouvrir les yeux de son maître sur l'infamie de son choix, non directement, il en connaissait trop le danger, mais indirectement et par des voies détournées. Il mit d'abord en mouvement ses espions, pour constater les amours antérieurs de la comtesse; il fit consigner ses aventures dans des vaudevilles, dans des nouvelles manuscrites et dans de petites historiettes dont on amusait les cercles. La police à ses ordres, loin de jeter le voile sur les turpitudes du souverain, contribua la première à les divulguer par les ponts-neufs dont elle amusa la populace de la capitale, ponts-neufs allégoriques, il est vrai, mais dont chacun eut bientôt la clef; ils furent répandus jusqu'au sein même de la cour, et Mesdames, filles du roi, en eurent facilement et promptement connaissance (1).

15 octobre 1768.

Depuis quelque temps, dit Bachaumont, il court ici une

(1) *Vie privée de Louis XV.*

chanson intitulée *la Bourbonnaise*, qui a été répandue avec une rapidité peu commune. Quoique les paroles en soient fort plates, que l'air soit on ne peut plus niais, elle est parvenue jusqu'aux extrémités de la France. Elle se chante jusque dans les villages, et l'on ne peut se transporter nulle part sans l'entendre. Les gens qui raffinent sur tout ont prétendu que c'était un vaudeville satirique sur une certaine fille de rien, parvenue, de l'état le plus crapuleux, à faire une sorte de figure à la cour. Il est certain qu'on ne peut s'empêcher de remarquer, dans l'affectation à la divulguer si généralement, une intention décidée de jeter un ridicule odieux sur celle qu'elle regarde.

Cette fameuse *Bourbonnaise* jetée ainsi en pâture aux amusements du populaire eut un tel succès, une telle vogue, qu'elle fut pendant quelques jours l'événement de la cour et de la ville. Puis, quand on l'eut bien chantée, redite et répétée, quand « sa fureur » fut sur le point de s'apaiser et de s'éteindre, bien vite une, puis deux, puis trois nouvelles *Bourbonnaises* parurent, sortant comme de dessous terre, mais librement tolérées, vendues et chantées, et sur la borne, et sur les ponts, et sur les places publiques, comme si, par ordre, la police ne voulait ou ne daignait pas comprendre les allusions qu'elles contenaient. La première et la plus connue de ces chansons n'a pas moins de neuf couplets :

La Bourbonnaise,
Arrivant à Paris,
A gagné des louis,
La Bourbonnaise
A gagné des louis
Chez un marquis...

Les suivantes sont plus médiocres, et deux n'ont pu circuler qu'en secret, car elles disent sans fard et sans allusions, et dans les termes les plus crus et les plus grossiers, ce que les premières laissaient seulement soupçonner :

Quelle merveille !
Une fille de rien,
Une fille de rien,
Quelle merveille !
Donne au roi de l'amour
Et à la cour !...

Ou encore, et sur un autre air :

Louis a pris une catin
Nouvelle,
Qui n'est pas, le fait est certain,
Pucelle...

C'est la progression ; la fabrique Grammont va son train, et son trait vengeur s'envenime à mesure que sa hardiesse grandit. Enfin, comme conclusion de ces

Bourbonnaises chantant toutes les honteuses grandeurs et l'abjection, et les complaisances de la maîtresse, du roi et de la cour, de nouveaux couplets parurent, qui semblaient prédire la chute inévitable et prochaine de la favorite :

Dans Paris, la grand'ville,
Garçons, femmes et filles
Ont tous le cœur débile
Et poussent des hélas !
    Ho, ha, ha, ha !...
La belle Bourbonnaise,
La maîtresse de Blaise,
Est très-mal à son aise,
Elle est sur le grabat.

Il y a six couplets de ce genre et sur ce ton; voici le dernier.

La pauvre Bourbonnaise
Va dormir à son aise,
Sans fauteuil et sans chaise,
Sans lit et sans sofa.
    Ha, ha, ha, ha!...
Voilà qu'elle succombe,
Elle est dans l'autre monde ;
Puisqu'elle est dans la tombe,
Chantons son *libera !*... (1).

(1) Voyez le *Recueil manuscrit* de Maurepas ; les *Anecdotes sur Mme Du Barry*, et la rare collection des *Chants et chansons populaires de la France*, 3 vol. in-8°. Garnier, 1843.

Et voilà quels pitoyables expédients avaient inventés les Choiseul pour obliger le roi à chasser sa maîtresse ! Faire chansonner dans les carrefours le roi Blaise et sa favorite la Bourbonnaise !... Mais ils ne s'en tinrent pas là. Des chansons, leur haine furieuse passa aux pamphlets ; une plume de génie se vendit, dit-on, à cette coterie aux abois, et écrivit pour elle l'*Apothéose du roi Pétaud*, grosse et vulgaire plaisanterie, sans esprit et sans sel, et où le poëte mal inspiré est resté si fort au-dessous de lui-même, qu'on s'est toujours borné à lui attribuer cette indigne production, sans affirmer certainement qu'il l'eût faite :

Mes amis, c'est assez vous parler d'opéra,
De la cour, d'Arlequin, même de la Sorbonne,
Faisons chacun un conte, et rira qui pourra.

Et voici la conclusion, spécialement à l'adresse du roi :

Une fois dans ta vie, écoute donc un sage,
Connais ce qu'est écrit au livre du destin :
« Qui met sa confiance en un homme sans tête
« Et qui peut croire une catin
« Ne sera jamais qu'une bête ! »

C'est aussi l'époque de ces vers charmants et célèbres attribués au duc de Nivernais, et composés plus vraisemblablement par Boufflers :

Lisette, ta beauté séduit
Et charme tout le monde,
En vain la duchesse en rougit
Et la princesse en gronde ;
Chacun sait que Vénus naquit
De l'écume de l'onde.

En vit-elle moins tous les dieux
Lui rendre un juste hommage,
Et Pâris, ce berger fameux,
Lui donner l'avantage
Même sur la reine des cieux
Et Minerve la sage ?

Dans le sérail du Grand-Seigneur
Quelle est la favorite ?
C'est la plus belle au gré du cœur
Du maître qui l'habite.
C'est le seul titre en sa faveur,
Et c'est le vrai mérite.

Que Grammont tourne contre toi,
La chose est naturelle,
Elle voudrait donner sa loi
Et n'est qu'une mortelle ;
Il faudrait pour plaire au grand roi
Sans orgueil être belle !

Ces quatre strophes manuscrites couraient les salons,

se passaient de main en main et arrivaient jusqu'à la cour, où le roi et sa maîtresse se faisaient « trois fois de suite » répéter le dernier couplet, comme si les trois autres, les seuls qui les concernaient, n'étaient ni pour eux ni contre eux !... A ces pamphlets, à ces chansons, à ces couplets, le comte Du Barry, resté « le défenseur et le protecteur en ville » de sa belle-sœur, répondit vertement par l'insolent et calomnieux libelle *les Amours de la duchesse de Choiseul*, que la police faisait poursuivre, saisir et brûler, et dont les exemplaires, semblables en cela au phénix, paraissaient renaître chaque matin de leurs cendres de la veille. C'était donc une guerre de tous les instants, sourde d'abord, pour devenir soudainement éclatante, et dont le résultat devait être inévitablement la chute du ministre ou celle de la maîtresse.

Cependant jusqu'alors une question importante rassurait les Choiseul : Mme Du Barry n'avait pas encore été présentée à la cour, et ils usèrent de tout leur crédit et de toutes leurs influences pour retarder ou même empêcher cette cérémonie, qui devait être le prélude de leur ruine. C'est surtout sur la famille du roi qu'ils exercèrent leur empire, en faisant à ses pieuses filles des représentations réitérées, et qui n'avaient pas besoin d'être bien vives pour persuader et gagner à leur cause les honnêtes et scrupuleuses princesses. La présentation à la cour est un point d'autant plus essentiel en France pour une maîtresse de monarque que, faute de ce cérémonial, elle n'y peut obtenir aucune place ; elle n'y est jamais que précairement et dans le cas d'être expulsée d'un instant à l'autre. En un mot, jusque-là Mme Du Barry n'avait d'autre distinction des femmes du *Parc-aux-Cerfs* que d'être clandestinement des voyages, et de fixer plus constamment la passion du roi. Elle était logée dans le château de Fontainebleau, par exemple, pendant le séjour de Sa Majesté, mais elle ne montait pas dans les carrosses, elle ne pouvait manger avec lui en public, elle n'aurait osé se montrer chez le Dauphin, chez ses frères, ni chez Mesdames. Les ministres politiques auraient sans doute eu beaucoup d'égards pour ses recommandations, mais, étant censés ignorer son existence, ils auraient pu la méconnaître et la refuser sans inconvénient. Elle ne recevait aucune visite d'étiquette, et la présentation la faisait jouir de toutes ces prérogatives, les unes dues les autres accordées par l'adulation et passées presque en usage et en loi. Il était donc bien naturel qu'elle aspirât à faire ce premier pas vers les honneurs, et c'est ce que la cabale adverse voulait empêcher (1).

(1) *Anecdotes sur Mme Du Barry.*

Pour cela, il fallait faire naître et répandre dans le public l'idée que la présentation ne pouvait avoir lieu, donner cette idée comme celle de l'opinion générale, et la faire parvenir jusqu'à la cour, puis jusqu'au roi, qui peut-être craindrait de se rendre par trop ridicule, en devenant aussi trop impopulaire. On se servit à cet effet des petites nouvelles quotidiennes, qui sont devenues le recueil dit *de Bachaumont*, et auquel il est loin d'avoir seul travaillé, même pour la partie des trente-six volumes qui nous est donnée spécialement sous son nom. Les Choiseul soutinrent de leur crédit et de leur argent ce bulletin journalier, répandu dans les cercles, dans les réunions diverses, qu'on se passait de main en main, et que les estafiers du ministre et de sa sœur firent circuler avec soin dans toutes les classes de la société.

Et il est facile de voir quelle impartialité présidait à la rédaction de ces nouvelles ! Soudoyées et achetées par l'un ou par l'autre, se contredisant volontiers du jour au lendemain, au service de tous les partis, elles ne méritent pas une créance bien étendue, et n'ont vraiment qu'un mérite, et c'en est un certainement, celui de peindre parfaitement et à peu près jour par jour, en petites anecdotes rapides, courtes et précises, l'esprit, les mœurs, le ton et les habitudes du temps. A propos de la présentation, le parti Choiseul y fit insérer, à quinze jours de distance, les deux articles suivants :

12 décembre 1768.

On regarde déjà comme décidé que Mme la comtesse Du Barry ne sera pas présentée. Des impressions fâcheuses données à Mesdames sur l'origine et les premières années de cette nouvelle comtesse les ont engagées à supplier le roi de ne point permettre qu'elle parût à leurs yeux. Sa Majesté a cru devoir céder à ces représentations, et cherche à dédommager Mme Du Barry d'une telle mortification par toutes sortes d'égards et de bontés.

28 décembre.

Mme Du Barry continue à mériter l'attention de la cour et de la ville ; mais on débite qu'elle s'ennuie à la cour, que toute cette gêne ne va point à son caractère libre et folâtre, et que ce n'est qu'une machine dont se servent certains hommes ambitieux pour parvenir à leurs fins.

A ces insinuations, le parti de la comtesse, qui voulait jouir promptement des bénéfices de la présentation, et qui ne négligeait rien pour en hâter la cérémonie, ripostait par la note suivante :

31 décembre.

Le bruit général de Versailles est que Mme la comtesse Du Barry sera présentée le 3 du mois prochain. On cite d'elle plusieurs traits qui font infiniment d'honneur à son cœur et caractérisent sa modestie dans l'élévation où elle se voit portée comme malgré elle.

L'histoire de la présentation était donc le bruit du moment, car il ne s'agissait pas seulement de savoir si le roi aurait, oui ou non, une maîtresse en titre ; la question était beaucoup plus importante et plus élevée. En effet, chacun comprenait parfaitement que par un jeu de bascule assez fréquent en politique, où l'élévation de l'un cause souvent la chute de l'autre, la Du Barry déclarée, dans un temps plus ou moins éloigné Choiseul tombait. Cela était si évident, qu'il se fit à ce propos une quantité de paris où bon nombre de seigneurs dévoués au ministre risquèrent et perdirent beaucoup d'argent en pariant contre la présentation. De son côté, le comte Du Barry, le *roué*, se remuait plus que tout autre pour la faire réussir. Il dépensait beaucoup d'argent, que payait le trésor royal, pour acheter des amis à sa belle-sœur, et comme on chansonnait partout la bassesse de son origine, il fit fabriquer, publier et répandre à grands frais dans le public une généalogie des Du Barry, laquelle les faisait remonter à la famille royale des Stuarts, et les rapprochait ainsi plus naturellement du trône.

Cependant, bien qu'il ne fût bruit que de la

présentation, la présentation ne se faisait pas! On n'avait pu trouver encore une dame de qualité suffisante pour amener la nouvelle comtesse à la cour, et toutes celles qu'on avait pressenties à cet égard avaient noblement refusé un semblable honneur. Mais, à force de promesses et d'argent, le roué finit par découvrir, dans son antique logis délabré et ruiné, une vieille comtesse de Béarn, joueuse, plaideuse, toujours en procès avec sa famille, et qui, moyennant cent mille francs, consentit à remplir le rôle que personne ne voulait accepter. A cette nouvelle, les Choiseul firent secrètement visiter cette dame de Béarn par un des leurs, et la circonvinrent à un tel point, soit par la menace des colères du ministre tout-puissant, soit par les promesses les plus séduisantes de sa haute faveur, qu'elle éprouva d'abord comme une sorte de remords et de honte; puis, l'ambition reprenant le dessus, perplexe, ne sachant si elle devait plus attendre d'un parti que de l'autre, elle voulut paraître les satisfaire en se les ménageant tous les deux, sauf à se décider tout à fait plus tard et au dernier moment. Elle simula une entorse, resta longtemps étendue sur une chaise longue, et rendit ainsi impossible, pour tout le temps que pouvait durer sa prétendue maladie, la cérémonie à la fois si ardemment désirée et redoutée.

Malgré ce contre-temps, Du Barry ne perdit pas la tête ; il se remit sur-le-champ en campagne et trouva, pour remplacer la comtesse de Béarn, une certaine Mme d'Alogny, qui n'avait pas une réputation beaucoup plus pure, et que sa position de fortune ne rendit pas moins facilement accessible aux offres d'argent qui lui furent faites. Le lendemain tout Versailles savait qu'au lieu d'une dame introuvable pour la présentation, on en avait presque deux !... Mais en apprenant qu'on lui avait découvert une suppléante, Mme de Béarn fut aussitôt guérie, comme par enchantement, et ses incertitudes disparurent en même temps que sa maladie. Elle se déclara prête et fit même commander et annoncer ses toilettes. On était alors au 29 janvier, et tout le monde s'attendait à voir se terminer dans la semaine cette grave et laborieuse question. Mais la résistance de Mesdames, filles du roi, habilement et secrètement excitée et entretenue par le duc de Choiseul et par les exagérations de toutes sortes publiées par son parti, et qu'on faisait passer dans leur forme habituelle — chansons, nouvelles et pamphlets — sous les yeux des pudiques princesses, était encore le plus sérieux obstacle qu'eussent à briser la Du Barry et ses amis. Il fallait tenter un dernier et suprême effort, et jouer, comme on dit, le tout pour le tout. Il fut donc décidé, dans le conseil intime de la comtesse, qu'à l'une des prochaines visites du roi, elle simulerait devant lui une scène du plus violent désespoir et parlerait de quitter la cour et son maître si sa position n'y devenait pas officiellement avouée, régulière, et définitivement déclarée par l'effet de la présentation immédiate. Joua-t-elle complétement ce rôle? Je ne le crois guère; elle n'était pas comédienne de sa nature; toute franche, toute de premier instinct et sans grâce apprêtée, il faut lui rendre cette justice qu'elle ne dissimula jamais ses vices, et qu'on la vit à la cour telle qu'elle s'était montrée au tripot, libre vive, et enjouée, bonne fille, d'un cœur facile et aimable, inaccessible à la haine, aux méchancetés ou aux ambitions, ne dissimulant ni ses allures ni son esprit porté aux choses égrillardes et grivoises quelle que fût la société qui l'entourât, telle enfin que l'avait trouvée Dubarry, propre à exciter, par les secrets de sa luxure et les reparties de son vif esprit, les sens amortis du monarque blasé, mais incapable de remplir sérieusement et longtemps un rôle plus utile et plus élevé! Quoi qu'il en soit, le 21 avril 1769, au retour de la chasse, le roi annonça la présentation pour le lendemain, en prononçant la formule officielle : « Messieurs, nous avons permis à Mme de Béarn de nous présenter demain la comtesse Du Barry. »

Aussi ce 22 avril au soir, ce 22 avril tant attendu,

où les Choiseul et les Du Barry jouaient une si grosse partie, on vit tout Paris accourir à Versailles ; ceux qui jouissaient de leurs entrées à la cour arrivant en grande pompe et en grand gala pour être témoins de la curieuse cérémonie ; les autres se bornant à voir du dehors l'entrée des carrosses, et voulant surtout apercevoir, dans la voiture à six chevaux que le roi avait envoyée à sa maîtresse, la maîtresse elle-même, brillante de parure et de beauté au travers des glaces fermées du royal équipage ! Dans le château tout est en rumeur et en mouvement. La cour tout entière s'assemble dans la grande galerie des Glaces. Le roi arrive d'abord. Il a près de lui le premier gentilhomme de sa chambre le duc de Richelieu, doublement à son rôle et à sa place. De l'autre côté se tient roide, gourmé, inquiet, mais souriant, du bout des lèvres sans doute, ce maître de la France dont la faveur puissante va s'écrouler tout à coup comme un château de cartes au souffle d'un enfant, le duc de Choiseul. Curieux spectacle !... L'héritier de soixante rois consulte sa montre, parce qu'il lui semble que sa maîtresse est en retard ! Son bisaïeul avait failli attendre, et lui, il attend !... Il va, il vient, agité, incertain, laissant voir à sa cour qui le regarde, l'inquiétude qui commence à le tourmenter ! Et de chaque côté de lui, ses deux ministres, l'un de ses affaires, l'autre de ses plaisirs, se narguant l'un l'autre; celui-ci rayonnant de joie parce qu'il espère encore que la favorite ne viendra pas; celui-là sûr de lui-même et rayonnant aussi, parce qu'il sait bien qu'elle viendra!...

Tout à coup, au milieu du silence glacial de cette cour, si diversement émue, éclate comme un bruit de triomphe le roulement précipité des voitures; Richelieu court à la fenêtre, c'est Mme Du Barry!... Elle entre : il faut dire que depuis longtemps la cour de France n'avait pas vu de personne plus belle, plus séduisante, plus élégante et plus gracieuse. Sa robe « de damas bleu à lames d'argent tout floqueté de rubans roses et de nœuds d'émeraude, » lui allait à ravir; elle était adorablement jolie, coiffée à souhait, plus brillante de sa fraîcheur et de sa jeunesse que des cent mille francs de diamants que le roi lui avait envoyés, et d'une tenue si parfaite, si complète, si inespérée, que la cour tout entière — amis et ennemis — ne put d'abord que convenir de sa grâce et qu'admirer sa beauté!... Le roi releva la comtesse, qui, selon l'usage, s'agenouillait devant lui, et il lui fit un compliment flatteur où il laissa éclater, sans pudeur aucune, la joie immense qui l'enivrait. Mesdames, ces filles rigides du royal débauché, firent elles-mêmes à la Du Barry un accueil plein d'indulgence et de bonté, et, comme celle-ci s'inclinait très-bas devant elles, toutes successivement la prirent dans leurs bras et, à tour de rôle, l'embrassèrent avec une incroyable effusion.

O filles de France !... dans l'avenir terrible qui se préparait pour les vôtres et pour vous, dans votre fuite difficile, pendant les jours néfastes de notre glorieuse révolution, au travers de nos provinces armées, soulevées et ameutées par la vengeance et par la haine ; au moment enfin de mettre les pieds sur cette terre de l'exil où vous êtes mortes malheureuses et oubliées (1), vous êtes-vous souvenues de cette nuit de condescendance coupable qui consacrait la débauche de votre père et vous poussait tous un peu plus vite vers l'abîme insondable qui a englouti votre dynastie !...

Le lendemain de ce jour où la royauté, déjà dégradée et décrépite, s'était tout à fait avilie, le rédacteur des nouvelles, soudoyé par le ministre tout-puissant, osa écrire les lignes suivantes, où, retraçant la beauté, la grâce du maintien, en un mot le succès complet de la comtesse, il fait aussi prévoir déjà la fin de sa faveur, et lui trouve, comme cause toute simple et toute naturelle, sa mort même, qu'il a l'audace de faire pressentir :

(1) En 1791, Mesdames Victoire et Adélaïde émigrèrent, au milieu des plus grands dangers. Elles allèrent successivement, toujours chassées par les armées de la République, en Sardaigne, à Rome, à Naples, et enfin à Trieste, où elles moururent en 1799.

25 avril 1769.

Mme la comtesse Du Barry a été fort bien reçue de Mesdames, et même avec des grâces particulières. Le lendemain dimanche, elle a assisté à leur dîner ; tous les spectateurs ont admiré la noblesse de son maintien et la grâce de ses attitudes.

Depuis lors, Mme la comtesse Du Barry donne des soupers où elle invite tous les grands de la cour et les ministres. Au bas de l'invitation, on assure qu'on y lit : *Sa Majesté m'honorera de sa présence.*

Par une fatalité attachée à la plupart des félicités humaines, on craint que celle de cette favorite, parvenue au faîte des grandeurs, ne soit pas parfaite. On remarque que sa santé s'altère depuis quelque temps, qu'elle maigrit ; et les gens à spéculation, toujours sinistres, prétendent que ce dépérissement ne peut être occasionné que par une cause mortelle.

QUATRIÈME PARTIE

Madame la marquise de Pompadour, plus ambitieuse que passionnée, et pour cause (1), n'avait désiré être la maîtresse du roi que dans l'espérance de devenir ainsi, et avant tout, la maîtresse du royaume. Elle avait eu de grands jours dans son règne de dix-neuf années, et aussi de grandes faiblesses ; mais elle eut dans les affaires une véritable initiative prépondérante, une fermeté et une volonté inattendues, et l'Europe dut compter avec elle. A l'intérieur, elle s'entoura d'artistes et de gens de lettres, elle les encouragea et les pensionna, et elle dépensa,

(1) Se rappeler, sans que je les cite, les petits vers de M. de Maurepas.

pendant ces dix-neuf années de faveur et de puissance, près de quarante millions de francs, somme énorme pour l'époque, pour satisfaire princièrement ses goûts intelligents et artistiques. Elle mourut le 15 avril 1764, laissant à Choiseul le soin de retarder l'écroulement de la monarchie, et elle partit pour l'éternité par une pluie battante, ce qui fit dire à ce sceptique et sec Louis XV, voyant passer sous ses fenêtres le cercueil qui emportait sa maîtresse, l'un de ces mots honteux qui caractérisent suffisamment un prince et son époque :

« Pauvre marquise, elle a mauvais temps pour son dernier voyage !... » Ce fut là sa seule oraison funèbre...

La grisette qui lui succède, — car ce n'est guère que cela, — Mme Du Barry, est une tout autre nature. Son règne se passa tout entier dans les enfantillages, les frivolités, le gaspillage du trésor public, les petits voyages, les petits soupers et les petites intrigues. Elle eut à la cour un parti politique qui s'empara d'elle pour en faire l'instrument et l'esclave de nombreuses et coupables ambitions ; elle marcha à sa suite, passive, obéissante, se laissant guider, diriger, commander, n'ayant jamais aucune initiative dans quoi que ce soit, mais cependant ayant causé, par son asservissement même à de honteux amis et à d'indignes ministres, des malheurs qui ne devaient pas être réparés. D'ailleurs légère, insouciante, préoccupée seulement de ses dépenses et de ses plaisirs, elle ne parlait avec le roi des affaires de l'État qu'en plaisanterie et par jeu, remplissant le rôle qu'on lui avait indiqué, tracé, dicté, mais ne pouvant longtemps garder son sérieux, et exigeant le renversement de Choiseul ou du parlement en chantonnant un air grivois ou en faisant sauter des oranges. Quand on l'a appelée « une grisette parvenue, » on l'a justement définie ; elle en avait si bien les allures, le ton et la gaieté !... si bien les folies et les inconséquences !... si bien les goûts, les désirs et les passions !... Elle savait cependant prendre, au besoin, une certaine dignité d'emprunt, mais qui n'était chez elle que question d'étiquette, et qui la gênait, on le voyait bien, au suprême degré. S'il lui fallait parler de choses moins futiles qu'à son ordinaire, elle faisait « la grimace ; » et si, dans une cérémonie quelconque où elle paraissait avec le roi, elle était tenue de se surveiller tout à fait, elle ne pouvait s'empêcher de manifester promptement une grande lassitude et un profond ennui. Il faut cependant lui rendre cette justice que, parvenue au poste brillant qu'elle occupait alors, non-seulement la tête ne parut pas lui tourner, mais elle apporta dans sa conduite une circonspection dont on ne l'aurait jamais crue capable. Sentant combien elle devait être l'objet de la jalousie de tant de beautés, rivales de sa figure et de sa faveur, elle affecta une modestie qui aurait dû les désarmer, si l'envie pouvait l'être. A moins d'avoir des raisons d'animosité particulières contre elle, on ne pouvait s'empêcher de l'aimer et de revenir des impressions que le préjugé et ses ennemis avaient répandues sur son compte. Elle ne se permettait même pas les plaintes ou les reproches qu'un sentiment bien naturel de vengeance pouvait lui suggérer contre ses envieux et contre ceux qui avaient divulgué ou calomnié son passé (1). En un mot, c'était une « bonne fille », sans méchanceté, sans rancune, et qui servait avec beaucoup d'habileté et de naturel les ambitieuses passions de ceux qui avaient rattaché leur fortune à la sienne.

Quant à sa beauté, elle était alors dans toute sa fraîcheur et dans tout son éclat. J'ai sous les yeux le joli portrait que Drouais a fait d'elle à cette époque; j'ai également devant moi une réduction de ce buste populaire de Pajou, qui donne de ce visage si fin un si complet souvenir; j'ai enfin l'adorable figure à la plume qu'ont tracée, d'après ces charmantes images, ces deux habiles pasticheurs du XVIIIe siècle, Siamois littéraires, érudits, artistes, romanciers, peintres même, qu'on nomme Edmond et Jules de Goncourt. Refaire ce portrait après ces habiles ciseleurs serait une témé-

(1) *Anecdotes sur la comtesse Du Barry.*

rité qui ne pourrait me réussir; je préfère emprunter à leur excellent et intéressant livre *les Maîtresses de Louis XV*, cette curieuse page écrite en style véritablement rocaille, maniéré, précieux, surchargé d'arabesques et d'adjectifs inattendus, à la façon de ce siècle léger qui, n'ayant jamais rien produit de vraiment « grand, » n'a guère légué que du « joli » à notre indécis XIXe siècle, lequel se bat les flancs au milieu des pluies d'épithètes de la critique inquiète et mécontente, pour parvenir à combiner à la fois l'alliance du joli et du grand!

Tous les documents, tous les portraits, toutes les images qu'une femme laisse d'elle, tous ces miroirs d'immortalité de la beauté mortelle, le marbre, la toile et la gravure, s'accordent à reconnaître à Mme Du Barry les plus rares séductions de la femme, les enchantements d'une grâce sans rivale. Ses cheveux étaient les plus beaux, les plus longs, les plus soyeux, les plus blonds du monde, blonds de ce blond cendré qui donne aux traits, sans le secours de la poudre, une douceur et une harmonie délicieuses et met autour d'un visage de femme tout à la fois une caresse, un rayon, un nuage. Elle avait, contraste charmant! des sourcils bruns et des cils de même couleur, des cils recourbés et qui frisaient presque autour de son œil bleu baigné de ces lueurs humides que seul le pinceau de Greuze a su peindre. Les deux caractères de sa beauté se mariaient et s'unissaient d'une façon ravissante dans son regard, qui était le regard d'une brune et le regard d'une blonde, mêlant la tendresse à la passion et le sourire à l'ardeur. Puis, c'était un petit nez grec, finement taillé, et l'arc retroussé d'une bouche délicieusement petite. C'était une peau, un teint d'enfant, surtout l'ovale du visage. C'était un cou qui semblait le cou rond d'une statue antique allongé par le Parmesan pour se balancer plus délicatement sur de rondes épaules. C'était un bras, une main, un pied, tout un corps d'une perfection adorable; et par-dessus tant de charmes, il y avait en elle la jeunesse victorieuse, la vie et comme la divinité d'une Hébé; il y avait autour d'elle cet air de volupté, cette atmosphère d'enivrement, ce parfum et cette lumière de déesse amoureuse qui faisait chanter à Voltaire devant un de ses portraits :

L'original était fait pour les dieux !

Toutes les métamorphoses conviennent à cette beauté comme aux divinités de la fable; et que demain elle quitte le grand habit de Versailles pour un déguisement de chasse, qu'elle mette l'habit d'homme aux larges parements battus par la dentelle d'Angleterre qui fait le tour de son col nu, qu'elle porte ses cheveux plats, et que deux ou trois mouches jetées çà et là dans sa figure en relèvent la mutinerie, elle sera Vénus chasseresse!...

Comme je l'ai déjà dit, l'histoire du règne frivole et léger de la Du Barry pourrait être écrite en chansons; mais elle peut encore mieux se raconter en anecdotes. Les petites feuilles et les petits livres du temps fourmillent d'historiettes souvent amusantes, parfois vraies, mais qu'on a tellement embellies ou enlaidies, selon la passion du biographe qui s'en est servi, qu'il vaut mieux les citer telles quelles que de s'exposer, en les commentant, à tomber soi-même et malgré soi dans le même piége de dénigrement ou d'inexactitude. Ces petites histoires racontées, publiées au jour le jour, sont, dans leur ensemble, un excellent et rapide tableau de l'époque relâchée qui nous occupe. La vie intime et frivole de la favorite y est suffisamment exposée ; on y peut voir que le jeu, les voyages et les soupers remplirent la meilleure partie des cinq ans que dura sa faveur. Je rapporterai seulement quelques-unes de ces anecdotes ; elles seront pour le lecteur comme un petit journal de cour, libre d'imprimer sans contrôle tous les commérages, tous les bavardages et même toutes les calomnies.

A Versailles.

Sa Majesté fit installer la comtesse Du Barry dans l'appartement qu'occupait la feue marquise de Pompadour et qui était devenu en partie celui du gouvernement. M. le comte de Noailles crut devoir faire quelques représentations sur le dérangement qu'occasionnerait dans ses fonctions un déplacement de cette espèce. Il s'y hasarda, mais sans succès ; et ce seigneur, ayant trop insisté dans l'excès de son zèle, fut à la veille de perdre les bonnes grâces du roi.

* * *

En ce temps-là, Mme la comtesse de Béarn, qui avait présenté Mme Du Barry, reçut une faveur particulière. Son fils, le vicomte de Béarn, qui sortait d'être page chez le roi, et l'intime ami du fils du comte Jean Du Barry, alors page aussi de Sa Majesté, et connu depuis sous le nom de vicomte Adolphe, entra dans les carabiniers, et fut peu après présenté au roi. Le monarque l'accueillit de la façon la plus flatteuse, le fit monter sur-le-champ dans ses carrosses, et dès lors il fut admis à toutes les parties de plaisir des petits appartements.

A Marly.

Mme De Béarn accompagna Mme Du Barry au voyage de Marly qui eut lieu bientôt après sa présentation. C'est un séjour riant et champêtre, institué pour délasser les grands de l'État des travaux de l'hiver et de ses plaisirs. Le roi s'était flatté que la communication plus rapprochée où l'on se trouve en ce lieu pourrait lier davantage à la cour sa favorite ; mais il n'en résulta pas ce que Sa Majesté en attendait. On y fut dans une grande tristesse ; les dames ne purent encore se faire à la nouvelle beauté qui y brillait et qui les éclipsait sans contredit. On assure que Mme la princesse de Guéméné lui avait fait même une impolitesse marquée devant le monarque, ce qui déplut fort à Sa Majesté. Elle reçut l'ordre de se retirer. Les autres dames, sans marquer un mépris aussi caractérisé, ne se liaient pas avec elle ; dans ce premier voyage, elle n'avait pas eu de pavillon séparé et logeait au château, dans un petit appartement ménagé exprès et qui joignait celui du roi.

L'espèce de consternation de la cour influa jusque sur le eu, qui ne fut pas aussi vif que d'ordinaire. Beaucoup de seigneurs refusèrent de tailler, sous prétexte de manque d'argent, et les tracasseries, les bouderies des femmes occupant les esprits, empêchèrent que la fureur du jeu ne fût portée à son comble. Mme Du Barry jouait cependant. On rapporte même qu'un jour, en pontant au pharaon, et voyant paraître la carte fatale pour elle, elle s'écria : *Ah! je suis frite!* expression qu'on ne manqua pas de relever. *Il faut vous en croire*, lui répondit-on, *vous devez vous y connaître!* Mot piquant en ce qu'il faisait allusion à l'état de sa mère, qui avait été, dit-on, cuisinière. Enfin, ce voyage, qui ne pouvait être agréable à Mme Du Barry par les mortifications plus fréquentes qu'il lui occasionnait, finit plus vite, et la cour revint à Versailles aussi ennuyée qu'elle en était partie.

A Bellevue.

On a ramassé avec le plus grand soin les détails du fameux souper de jeudi, si important par les suites qu'il peut avoir, et le thermomètre véritable d'où les courtisans partiront à coup sûr pour mesurer le degré du chaud et du froid à mettre dans leurs assiduités respectives. On raconte que Mme la maréchale de Mirepoix et Mme de Flavacourt, arrivées les premières, se promenaient dans les jardins de Bellevue lorsque M. le duc de Choiseul est entré avec sa suite et a formé un groupe opposé à celui-là ; que les arrivants tournaient à droite ou à gauche, selon leurs inclinations, et grossissaient l'un des deux partis ; qu'on ne s'épargnait pas les sarcasmes d'aucune part, lorsque le roi a paru ; que Sa Majesté est allée à Mme Du Barry, lui a dit mille choses gracieuses, s'est félicitée de la posséder pour la première fois dans ce beau lieu, s'est offerte à lui en faire voir tous les détails; que dans cet intervalle, M. le duc de Choiseul restait à l'écart avec sa compagnie, qui diminuait à mesure, au point qu'il se promenait seul, lorsque, l'heure du souper étant arrivée, le roi avait fait placer la favorite à côté de lui, en faisant mettre auprès M. le comte de la Marche, *comme ayant de l'amitié pour cette dame*, a-t-il ajouté, et il a déclaré *que le reste se placerait comme il voudrait;* que le souper avait été fort gai de la part du roi et du grand nombre des convives, mais que le duc de Choiseul n'avait pas déployé cette sérénité qu'il porte d'ordinaire dans les fêtes; qu'il s'était concentré avec ses voisins; que la comtesse s'y était comportée avec la même aisance qu'elle avait déjà eue à la présentation; qu'elle avait fait briller autant d'esprit que de grâce et de légèreté; qu'après souper, le roi, ayant annoncé le jeu, avait demandé un vingt-et-un pour Mme Du Barry, jeu qu'elle aimait beaucoup; que Mme de Flavacourt s'était écriée qu'elle en serait, M. le maréchal de Richelieu aussi, en ajoutant qu'il était tout entier à Mme Du Barry; que le roi avait fait un wisk, dont le duc de Choiseul avait été, selon l'usage; que le lendemain, Sa Majesté, s'étant habillée, avait été avec son capitaine des gardes et son premier gentilhomme à la toilette de Mme Du Barry, où cet auguste amant était resté une heure; que le jeune Du Barry, neveu de la comtesse, sorti depuis quelque temps des pages de la chambre du roi, avait l'honneur d'être de ce souper.

A Marly.

On cite du duc de Tresme un fait bien propre à faire connaître de quelle vile prostitution un courtisan est capable. Ce seigneur étant allé voir à Marly, pendant le voyage, la favorite, et ne l'ayant pas trouvée, écrivit chez son suisse : *Le sapajou de Mme la comtesse Du Barry est venu pour lui rendre ses hommages*. Il faut savoir, pour entendre toute la bassesse de cette plaisanterie, que le duc est très-contrefait ; que la comtesse s'amusait de sa bosse, et que ce méprisable courtisan s'estimait trop heureux de la faire rire. On peut encore conclure de là de la tournure du génie de la dame, de celle qu'elle prenait à la cour et qu'elle y faisait prendre à tout le monde.

A Choisy.

Ce qui fit plaisir au roi dans ce voyage, ce fut de savoir que les femmes de qualité, d'abord si révoltées contre sa maîtresse, se relâchaient peu à peu de leur morgue, et se laissaient séduire par sa douceur et son aménité. On en jugea par le nombre de quinze ou seize qui se trouva à Choisy ; tout s'y passa dans la meilleure intelligence. Mme Du Barry y montrait cette liberté franche par où elle avait séduit Sa Majesté ; elle passait la plus grande partie du jour à sa toilette ; elle étudiait les diverses formes les plus propres à la rendre agréable à son amant ; elle se mettait souvent en Flore. Ces diverses métamorphoses étaient si longues qu'il fallait quelquefois reculer le service. Le roi, enchanté, avait la bonté de s'y prêter, et lorsque c'était par trop long, il lui faisait dire de venir à table en petite robe. Les spectateurs étaient témoins des progrès que faisait chaque jour sa passion. Sa Majesté ayant laissé tomber son étui, Mme Du Barry le ramassa avec empressement, en mettant un genou en terre ; mais le monarque, se précipitant lui-même à ses pieds, lui dit : *Madame, c'est à moi à prendre cette posture, et pour toute la vie !...* Galanterie digne de la vieille cour, et bien opposée au ton leste et cavalier dont nos petits maîtres traitent aujourd'hui les femmes.

A Compiègne.

Le voyage de Compiègne, que la cour a coutume de faire au commencement de juillet, donna lieu à de nouveaux événements. La favorite fut publiquement de celui-ci. Elle ne l'avait fait jusque-là qu'*incognito ;* cette fois, elle s'y rendit dans toute sa gloire, et voulut en conséquence marquer son arrivée en ce pays-là par une grande pompe. Elle sortit de la capitale avec trois carrosses à six chevaux. Elle demeurait alors dans la rue des Petits-Champs, très-passagère et fourmillant de monde. Cet appareil à la porte d'une maison particulière excita la curiosité du peuple, qui redoubla bientôt quand on sut pour qui était ce cortége. On jugea que son intention n'était pas de se dérober aux regards, et par son train et par l'heure qu'elle choisit pour partir (ce fut à une heure après midi qu'elle monta en voiture). Étonnée cependant d'un concours qui semblait annoncer le départ de quelque princesse distinguée, et pour se dérober à des acclamations qui n'étaient pas toutes des bénédictions, elle baissa les stores de son équipage, et personne ne put la voir ; mais elle les releva à sa sortie de Paris, et se montrait gracieusement à la multitude des voyageurs dont la route était remplie.

A Chantilly.

Vers ce temps-là, Sa Majesté fit un voyage à Chantilly. C'est un des beaux lieux de la nature, appartenant au prince de Condé. Le roi voulut bien faire à son cousin l'honneur de l'y aller voir. Son Altesse étant venue, suivant l'étiquette, lui demander qui elle jugeait à propos d'inviter, Sa Majesté lui en laissa le choix, ce qu'on regarda comme une petite niche du monarque envers le prince, par l'embarras où il le jetait, puisqu'en priant la favorite il ne pouvait décemment inviter Mesdames, et se mettait mal avec celles-ci, et qu'en engageant les filles du roi, il s'ôtait la faculté d'avoir Mme Du Barry. Il crut cependant devoir d'abord satisfaire à ce que son rang lui prescrivait, et sollicita Mesdames de lui faire l'honneur d'accompagner Sa Majesté chez lui. Au reste, si Mme Du Barry ne fut pas publiquement de ce voyage, il passa pour constant que, soit que Sa Majesté ne pût se passer d'elle si longtemps, soit que sa maîtresse voulût lui faire une agréable surprise, elle s'y était rendue une nuit, et en était revenue *incognito* le lendemain.

Cependant le prince de Condé, qui avait à cœur de ne déplaire à personne, imagina de proposer au roi un second voyage dont Mesdames ne seraient pas, ce qui donnerait à Son Altesse la liberté d'avoir la comtesse. Il avait même réservé pour ce temps-là d'étaler toute sa magnificence, et de donner les fêtes les plus galantes qu'il avait projetées. Cette fois le roi y séjourna longtemps, parut s'amuser beaucoup et se livra à toute l'intimité de la société. Sa Majesté afficha sa maîtresse aux yeux du peuple des environs en lui faisant suivre la chasse en calèche, en sorte qu'il n'y eut personne qui n'eut la liberté de la contempler à son aise. On admit aussi le public aux soupers et aux fêtes, où le roi parut affecter de plus en plus de lui faire des amitiés.

Au salon.

Tout rendait successivement hommage à la nouvelle divinité et reconnaissait son pouvoir. Il y avait cette année salon de peinture. C'est un usage aux grands de la cour de venir le voir et d'exciter ainsi l'émulation des artistes. On fit entendre à Mme Du Barry qu'elle devait y paraître; et le jour qu'elle y vint, on fit sortir tout le monde, suivant les ordres qu'en avait donnés M. de Saint-Florentin, qui ne prescrivit le même cérémonial que pour Mme de Pompadour. Ainsi, par une révolution dont la rapidité était inconcevable, celle qu'un an auparavant on chansonnait dans les rues, sous le nom de la Bourbonnaise, par permission de la police, voyait chasser à son approche, comme de vils plébéiens, les gens de la plus haute qualité. Il faut cependant lui rendre la justice de dire que cette expulsion ne doit pas lui être imputée, puisqu'elle en témoigna son mécontentement. Au surplus, les plus fameux peintres et sculpteurs l'accompagnèrent et briguèrent les suffrages de la Minerve du jour. Un d'eux avait été choisi pour la peindre; c'était le sieur Drouais, excellent artiste pour le portrait, qui avait fait ses preuves pour la favorite précédente, et qui n'eut pas le même succès en cette occasion. Pour mieux réussir, il avait imaginé de la représenter de deux manières, c'est-à-dire sous les habillements d'homme et de femme tour à tour. Ceux qui connaissaient Mme Du Barry trouvèrent que, loin de la flatter, le peintre ne l'avait pas rendue dans toute la vérité de ses charmes. Des deux côtés il lui donnait un regard minaudier, appelé par les petits-maîtres regard en coulisse, qui n'est point du tout celui de cette beauté, très-net, très-franc, très-ouvert. Le public se trouva aussi partagé sur les deux figures, auxquelles on fit le grand reproche de ne pas se ressembler. Celle de femme était vêtue de blanc, et enrichie d'une guirlande de fleurs; en homme, Mme Du Barry était en espèce d'habit de ville, la chemise décolletée. Ce dernier plaisait plus généralement au sexe et le premier aux hommes; ce qui donna lieu aux vers suivants :

Sur ton double portrait, le spectateur, perplexe,
Charmante Du Barry, veut t'admirer partout.

A ses yeux changes-tu de sexe,
Il ne fait que changer de goût.
S'il te voit femme, dans l'âme,
D'être homme, il sent tout le plaisir :
Tu deviens homme, et d'être femme,
Soudain il aurait le désir.

*
* *

Les marques éclatantes de l'ascendant que prenait la favorite donnèrent lieu à un petit couplet, car il faut que le Français chansonne toujours :

Sur l'air : *Vive le vin, vive l'amour !*
de l'opéra *le Déserteur.*

Vive le roi ! vive l'amour !
Que ce refrain soit nuit et jour
Ma devise la plus chérie !
En vain les serpents de l'envie
Sifflent autour de mes rideaux,
L'amour lui-même assure mon repos,
Et dans ses bras je la défie !...

On caractérisait par là les vains efforts de la cabale des Choiseul et surtout de la duchesse de Grammont. Le duc, pour cacher son dépit, redoublait de dépense ; il s'absentait de la cour plus fréquemment, et fit, coup sur coup, deux voyages, l'un à Chanteloup, l'autre à Metz. Il y vivait avec la plus grande magnificence ; toujours quarante maîtres à table, au moins ; deux troupes de comédiens pour amuser ceux qui venaient faire leur cour à ce ministre, et le reste à proportion.

A Fontainebleau.

Le jeudi 28 septembre, Sa Majesté, avant de chasser dans la forêt de Sennaar, est allée au *pavillon du Roi*, qu'avait fait bâtir le sieur Bouret, fermier général, qui l'avait ainsi appelé depuis qu'il avait eu l'honneur d'y recevoir ce prince. La comtesse Du Barry s'y est rendue avec beaucoup de dames de la cour. Le sieur Bouret a conduit cette dame dans tout le château ; il y a eu ensuite un splendide dîner ; le repas fini, la favorite est montée en calèche avec les dames, et a assisté à la défaite d'un cerf qu'on a pris sous Croix-Fontaine, et dont Sa Majesté lui a présenté le pied. On s'attendait à quelque galanterie particulière de la part du sieur Bouret, et il n'a pas manqué de remplir l'attente des curieux. On y a trouvé une Vénus modelée d'après celle de Coustou pour le roi de Prusse. L'adroit courtisan y avait fait adapter une tête sculptée d'après celle de Mme Du Barry. et en a présenté le coup d'œil à Sa Majesté, flattée de la manière dont on divinisait ainsi son goût. Mme Du Barry était à cette chasse précisément dans le même habillement d'homme sous lequel elle est représentée au salon, mais infiniment plus leste et plus séduisante.

La fortune de Mme Du Barry augmentait chaque jour avec sa faveur. En janvier 1769, le roi lui constitue cent mille livres de rentes sur la ville de Paris, et dix mille livres de rentes sur les états de Bourgogne, et, au milieu de la même année, il lui donne Luciennes. En 1770, au 1er janvier, et comme étrennes, il offre à sa maîtresse ce qu'on appelait *les loges de*

Nantes, réunion de boutiques, baraques et appentis établis sur la contrescarpe, à Nantes, et rapportant quarante mille livres de rentes. En outre, et au milieu de cadeaux divers et imprévus, offerts ou demandés, la maîtresse royale reçoit par mois, pour son entretien et ses menus plaisirs, environ trois cent mille francs d'argent comptant; ce qui lui représentait donc, en 1770, au moment de l'arrivée de la Dauphine et de la chute de Choiseul, à peu près TROIS MILLIONS SEPT CENT CINQUANTE MILLE FRANCS annuellement assurés!!!... L'hôtel qu'elle avait loué rue de l'Orangerie, à Versailles, au commencement de sa faveur, ne suffisait plus pour contenir ses équipages, ses gens et son train tout entier, devenu véritablement royal. Elle acheta alors, sur l'avenue de Paris, une habitation qui avait appartenu à un parent enrichi de la Pompadour, et elle y fit construire, par son architecte Ledoux, un grand hôtel où elle put loger complétement toute sa maison. Quand je dis un hôtel, c'est plus justement un palais que je devrais dire; car on y édifia jusqu'à une chapelle, et, plaisante sinécure!... un aumônier en titre fut nommé pour la desservir!... Aujourd'hui, chapelle, boudoirs et salons, tout a disparu, mais l'hôtel existe encore à Versailles; on y loge des fourrages, des chevaux et des cavaliers de la cavalerie de la garde impériale.

Mais c'est surtout à Luciennes que Mme Du Barry va étaler ses goûts de luxe inutile et de magnificences merveilleuses; c'est là qu'elle va enfouir des trésors de tout genre que dévoreront à si belles dents les avaleurs de 93!... Ce Luciennes ou Louveciennes, qu'elle a rendu célèbre, Louis XIV l'avait acheté, en 1690, à M. de Valentinay, pour le donner à sa fille, la princesse de Conti (1); à sa mort, le comte de Toulouse hérita de cette terre, qui passa ensuite au duc de Penthièvre. Le fils de ce dernier y étant mort, le duc, son père, ne voulut pas conserver un domaine qui lui rappelait ce funèbre souvenir, et il le vendit alors à Louis XV, qui l'offrit à Mme Du Barry, « avec jouissance pour sa vie durant de la maison, jardin et dépendances. » Le brevet de concession est du 24 juillet 1769, et se trouve aujourd'hui à la bibliothèque de Versailles.

Le château de Luciennes, tel que la Du Barry le trouva, n'était pas une habitation convenable ni suffisante pour une maîtresse royale habituée au luxe fastueux de la cour de Louis XV, aux petits salons, aux boudoirs mignons et à l'entourage de tous ces riens charmants dont les courtisanes aiment par dessus tout l'inutile profusion. C'était une assez vaste

(1) Mlle de Blois, fille légitimée du roi et de Mlle de La Vallière.

résidence, grandiose même, et par conséquent indigne de cette petite-maîtresse qui n'aima jamais rien de ce qui était vraiment grand et vraiment beau; du joli et du coquet était tout ce qu'elle voulait. Elle fut servie à souhait dans son rêve de construction galante par son habile architecte Ledoux, celui-là même qui avait réédifié son hôtel de Versailles. Au lieu de transformer le château principal, ce qui eût coûté fort cher, sans résultat bien satisfaisant, l'adroit artiste le conserva tel quel avec d'autres aménagements intérieurs, et éleva, à une petite distance, un pavillon nouveau tout à fait conforme aux goûts de la favorite et à la voluptueuse destination qu'elle voulait donner à sa nouvelle demeure.

C'est un pavillon carré, avec cinq croisées sur toutes ses faces, situé sur une hauteur d'où l'on a une des vues les plus belles et les plus pittoresques du monde. Le corps de logis est précédé d'une avant-cour trop vaste peut-être pour l'édifice, qui s'annonce par un péristyle de quatre colonnes dans le goût antique; le fond est orné d'un bas-relief de Lecomte représentant une bacchanale d'enfants. La distribution intérieure semble annoncer de petites et intimes réceptions; ainsi on y trouve seulement, comme pièces d'apparat, un vestibule très-vaste, qui est en même temps la salle à manger, un grand salon, et deux autres plus petits salons servant aussi de boudoir et de cabinet de travail. Dans le vestibule sont disposées quatre jolies tribunes, où se placent les musiciens de la comtesse, — car elle a aussi sa musique — chargés de charmer les oreilles de ses convives.

Il y a au Louvre une aquarelle de Moreau représentant un grand dîner dans cette jolie salle blanc et or, aux murs de marbre blanc coupés par des pilastres corinthiens aux chapiteaux de bronze doré, entre lesquels sont peints, au milieu de guirlandes d'Amours, et mille fois répétés, les armes entrelacées et les portraits de Louis XV et de la Du Barry. Puis ce sont des bustes adorables de femmes légères, taillés dans le marbre par Lecomte, Moineau et Pajou, et posés sur des socles également de marbre, et entourés de guirlandes d'or. Ce ne sont partout que fleurs, attributs légers, parfois graveleux, allusions grivoises, fruits et feuillages mêlés de rubans roses, bouquets mignons, Amours joufflus, héros et héroïnes de romans célèbres, le tout en costume Louis XV, en bergers, en bergères, les jupes courtes et les jambes nues ; un véritable petit temple coquet, mignard et licencieux. Du vestibule on entre dans le salon, et par ses fenêtres ouvertes on aperçoit Saint-Denis, Saint-Germain, le Vésinet, la Seine qui serpente en tous sens au milieu de vastes prairies s'étendant à perte de vue ;

puis, dans le lointain, et comme enveloppée d'une vapeur légère, une masse noire qui est Paris. Les arabesque de ce salon sont de Métivier et de Feuillet, et les dessus de porte du libertin Fragonard; et il y faut regarder encore la magnifique corniche à console de Gouttières. Dans les petits salons qui encadrent cette grande pièce, quatre tableaux de Vien retracent l'histoire de l'amour à Paris; et Briard à peint des plafonds ou l'on peut encore lire l'histoire de l'amour, mais cette fois de l'amour champêtre, des bergers et des bergères enrubannés, la houlette à la main, des fleurs partout et des guirlandes de feuillage, avec des danses en rond, et des ménétriers montés sur des tonneaux, et des petits Amours nus qui sillonnent et animent le joli et vert paysage. Et puis l'on admire aussi les merveilles que l'art de la serrurerie a prodiguées en ce lieu charmant : les chambranles de cheminée, les feux, les bras, les corniches, les serrures, les espagnolettes, les clefs, les moindres choses enfin sont de véritables objets d'art fabriqués, façonnés sur des dessins spéciaux et détruits après leur achèvement. En un mot c'est tout ce qu'on peut rêver de plus parfait et de plus exquis, de plus réussi et de plus complet dans le précieux, le mignon et le joli.

Les petits appartements particuliers de Mme Du Barry, dans cette jolie bonbonnière, n'étaient pas moins élégamment meublés que ceux de Versailles dont j'ai donné, d'après M. Leroi, la curieuse et intéressante description. Ces mêmes appartements étaient en même temps occupés par le roi, quand il visitait sa maîtresse ; il n'avait pour son service personnel qu'un petit salon de toilette divisé en trois parties : antichambre, garde-robe et cabinet. Ces trois petites pièces étaient aussi fort richement meublées, et le luxe déployé pour les objets de serrurerie d'art en était surtout remarquable. « Il y avait un feu doré d'or moulu, pelles, pincettes et tenailles analogues. On y voyait beaucoup de bronzes dorés également d'or moulu ; des bras à trois branches, des girandoles de goût antique, une commode de laque du Japon avec bronzes dorés. Au milieu de la principale pièce était un fauteuil à poudrer garni de maroquin rouge, avec un coussin sur fond de canne et devant une table d'ébénisterie à mosaïques sur fond gris satiné, avec une tablette dans les jambes et garnie en bronzes dorés. » Louis XV était d'une excessive propreté, d'un soin extrême pour sa personne, et en arrivant chez sa maîtresse, il se rendait d'abord directement à ce petit appartement, qui lui était absolument réservé, pour y réparer le désordre causé à sa toilette soit par le court voyage de Versailles à Louveciennes, soit par l'exercice de la chasse, soit par tout autre motif ayant pu compromettre quelque peu l'ordre et la netteté de sa tenue. Le roi restait d'ailleurs toujours fort peu de temps à Luciennes, où il n'aimait pas à tenir conseil, ni à donner d'audiences sérieuses pour les affaires de l'État. Le coquet logis de sa maîtresse ne fut jamais considéré par lui que comme un lieu de délassement et de plaisirs, où il venait se reposer « du souci que lui donnait son royaume, » lequel, nous le savons tous, ne lui causa cependant jamais ni de grands tracas ni de graves préoccupations !

A la première visite que le roi fit à sa maîtresse dans ce voluptueux et coquet domaine, il témoigna le plus vif enchantement. Il y eut ce jour-là, en l'honneur de Sa Majesté, concert, feu d'artifice, parade et souper. Louis XV voulut bien féliciter lui-même l'architecte, et lui accorda en récompense de son talent la place de commissaire inspecteur des salines de Franche-Comté, qui ne rapportait pas moins de huit mille livres de rentes, qu'on pouvait gagner sans quitter Paris, et en s'occupant d'autres travaux. Enfin, comme à un semblable palais il fallait naturellement un gouverneur spécial, et qu'un soir le nègre de la favorite, Zamore, daignait par hasard être de bonne humeur, et consentait à plaisanter avec le roi, ce prince magnanime, pour le remercier de son esprit et de ses quolibets qui l'avaient fait rire un moment, l'éleva aux hautes et importantes fonctions de gouverneur de Luciennes, avec six cents livres de traitement ! Et le chancelier Maupeou apposa gravement le sceau de l'État sur le brevet, et vint l'apporter solennellement lui-même à ce gouverneur d'un nouveau genre, qui fit une cabriole devant Sa Seigneurie pour lui exprimer d'une manière digne de lui sa gratitude et sa joie !...

CINQUIÈME PARTIE

Au moment où la Du Barry entrait si fortement et si « indispensablement » dans la vie, dans les besoins, dans les habitudes et dans la passion du roi, Choiseul menait à bonne fin l'une des grandes entreprises de son ministère. Il mariait le duc de Berry, petit-fils du roi et alors Dauphin, à la fille de l'empereur d'Allemagne François Ier et de la grande Marie-Thérèse, à cette belle Marie-Antoinette qui vint en France à l'âge de quinze ans au milieu des sourires et des bénédictions de tout un peuple, et fut accueillie par la cour comme un ange de protection et d'espérance qui, dans l'esprit du parti opposé à la Du Barry, allait disperser par sa grâce, ses charmes, sa beauté et son innocence, le tripôt infâme installé à Versailles et à Luciennes autour de la favorite. Bachaumont, qui n'est pas toujours un fin portraitiste, nous a cependant laissé d'elle, à cette époque, une charmante et véridique image. C'est un portrait physique complet, à l'aide duquel il serait facile de recomposer sur la toile l'auguste et gracieux original :

Cette princesse est d'une taille proportionnée à son âge, maigre, sans être décharnée, et telle que l'est une jeune personne qui n'est pas encore formée. Elle est très-bien faite et bien proportionnée dans tous ses membres; les cheveux sont d'un beau blond; on juge qu'ils seront un jour d'un châtain cendré; ils sont bien plantés. Elle a le front haut, la forme du visage d'un bel ovale, mais un peu allongé; les sourcils aussi bien fournis qu'une blonde peut les avoir. Ses yeux sont bleus, sans être fades, et jouent avec une vivacité pleine d'esprit. Son nez est aquilin, un peu effilé par le bout; sa bouche est petite, ses lèvres épaisses, surtout l'inférieure, qu'on sait être la lèvre autrichienne. La blancheur de son teint est éblouissante, et elle a des couleurs naturelles qui peuvent la dispenser de mettre du rouge. Son port est celui d'une archiduchesse, mais sa dignité est tempérée par sa douceur, et il est difficile, en voyant cette princesse, de se refuser à un respect mêlé de tendresse.

Le prince qu'elle épousait était un honnête homme qui ne devait jamais être qu'un roi honnête; il n'avait ni l'élégance, ni la grâce, ni la haute distinction de certains princes de sa race ; d'une vie pure, aimant le travail, même le plus vulgaire, puisqu'il était excellent serrurier ; moins épris des arts et des lettres, plus porté vers les sciences exactes ; sachant un peu d'histoire, rêvant déjà des conquêtes géographiques par le développement de la marine de l'État, il vivait doucement et sans bruit dans sa retraite, devant sa forge, ses cartes et ses livres. Il fuyait la cour, dont il condamnait les honteux plaisirs, et malgré les désirs, les ordres mêmes du roi, il n'avait jamais consenti à plier devant la favorite.

A la nouvelle de l'arrivée de la Dauphine, Choiseul respira. Il était impossible que le roi pût songer à présenter à cette fille des Césars l'indigne maîtresse que sa cour trop complaisante avait si facilement accueillie et adoptée. Cette jeune et illustre beauté, dont les grâces charmantes allaient, il l'espérait du moins, rajeunir et régénérer la cour, ne pouvait manquer de prendre sur le roi, sur les princes, sur les courtisans, un empire absolu, attirer vers l'astre nouveau tous les hommages et tous les respects, et, par son influence, causer peut-être, pour un temps plus au moins long, qui permettrait de chercher à la supplanter, l'oubli, sinon l'expulsion de la Du Barry. Il se leurra si bien de ce chimérique espoir, qu'il vint, « par bonté, » trouver la comtesse, et lui donna le conseil amical et désintéressé de quitter la cour pendant les fêtes de famille occasionnées par le mariage du Dauphin. Il fut si poli, — car il savait l'être au besoin, — si pressant, si aimable même, que la Du Barry hésita. Choiseul lui conseillait d'aller à Baréges, pour y tuer plus vite le temps de la présentation, du mariage et du bonheur plus pur que devait éprouver le roi, lequel bonheur l'éloignerait sans doute pendant quelque temps de sa maîtresse ; il trouvait donc plus prudent pour elle de ne pas laisser voir le spectacle de son abandon, même momentané, tandis qu'une absence habilement opérée ne pouvait que donner au roi une plus ardente impatience de la revoir au plus vite. Elle fut presque persuadée par ces belles raisons qui, en somme, étaient toutes fort perfides et fort mauvaises. Fuir, tandis qu'il fallait lutter ! Si elle laissait prendre à cette nouvelle « rivale » l'empire que le ministre prévoyait, elle était perdue. Si elle abandonnait la place, l'ennemi s'en emparait, minait, brisait, renversait son pouvoir. Le roi était si facile et si changeant ! L'influence de la jeune et belle Dauphine était à redouter certainement, mais bien plus pour la Du Barry absente de la cour que pour la Du Barry à son poste, aux côtés mêmes du roi, bravant le respect et l'honneur de la famille royale, et forçant par cet excès même d'audace les hommages des courtisans, qui menaçaient de se porter vers la nouvelle venue, à revenir aussitôt à elle.

Ce ne fut pas elle, certes, qui fit ces salutaires réflexions; elle en était parfaitement incapable. Richelieu et d'Aiguillon les firent à sa place; hier on lui avait dit de partir, elle partait; elle avait même commandé ses équipages; aujourd'hui on lui persuadait de rester, elle resta. Ces perpétuelles incertitudes lui importaient d'ailleurs fort peu; elle s'amusait de tout et partout, et le souci de sa grandeur préoccupait ses amis beaucoup plus qu'elle-même. On l'avait faite maîtresse royale, elle avait accepté avec joie, mais sa chute ne lui eût pas causé un chagrin bien long ni bien sincère; les larmes pouvaient rougir ses beaux yeux! Puis, elle n'aimait le roi ni pour lui-même ni pour son argent, bien qu'elle en gaspillât beaucoup; elle tenait davantage aux sottes adulations de sa petite cour, et, pour les conserver, elle avait consenti à être l'instrument d'une coterie qui cherchait à prendre par elle tout le pouvoir, et qui, hélas! y parvint trop vite et trop facilement. On faisait d'elle tout ce qu'on voulait, car elle n'avait ni esprit de suite, ni volonté, ni intention, ni désirs un peu sérieux. Vivre au jour le jour, au milieu de folles orgies, insulter dans ses propos plus que légers le roi et la France, qui payaient ses plaisirs, et se moquer de tout, de Dieu, du diable et du peuple!... le reste lui était absolument indifférent. Elle resta donc, effrayée sans doute du petit orage qui se préparait, mais stylée à souhait, prête à bouder le roi, à lui faire la moue, « à lui tirer la langue, » si l'aimable monarque faisait mine de la trop négliger. Mais il n'en fut rien, et Choiseul put regretter une fois de plus la peine qu'il s'était inutilement donnée.

Mme Du Barry était en effet un personnage à ménager; sa faveur immense, l'influence qu'elle avait sur les affaires et sur le roi, de qui elle obtenait par « ses cajoleries » tout ce que ses ministres exigeaient d'elle, avaient été signalées à leurs souverains par les ambassadeurs étrangers. On avait compté avec Mme de Pompadour, il fallut compter aussi avec Mme Du Barry; et bien que Frédéric II l'eût soldatesquement baptisée COTILLON III, il ne lui envoyait pas moins de temps à autre « l'expression de son amitié sincère et de ses vœux constants. » Catherine, la grande Catherine, encore plus débauchée que la Du Barry, traitait plus justement avec elle d'égale à égale! Marie-Thérèse, « le seul grand homme de l'Allemagne et de son siècle, » écrivait souvent un mot aimable pour la favorite, et la ménageait « comme une personne tout à fait utile à sa politique. » Quand sa fille partit pour la France, l'impératrice lui fit, à l'endroit de Mme Du Barry, les plus chaudes et les plus instantes recommandations sur l'accueil qu'elle devait faire à la comtesse et sur l'amitié qu'il fallait lui témoigner. Elle lui donna tout au long ses instructions « par écrit, » prévoyant les diverses phases de la présentation, des rencontres, des visites, des soupers et même des intimités les plus privées, car il importait « à sa politique » que cette archiduchesse impériale eût pour la créature du roi une sorte de condescendance affectueuse, et qu'elle fît elle-même les premières avances et les premiers pas.

Tout se passa admirablement d'ailleurs et tout à fait au gré de l'impératrice. A son arrivée au château de la Muette, la comtesse Du Barry fut la première personne présentée à la Dauphine, après les princes et les princesses du sang. Elles s'embrassèrent toutes deux « comme de bonnes amies » qui se connaissent depuis longtemps sans s'être jamais vues. La fille du ruisseau soupa à la même table que la fille des Césars, le roi ayant à sa droite la Dauphine, à sa gauche la Du Barry. Le souper fut gai, et Marie-Antoinette voulut bien trouver « sa rivale » *charmante, adorable!...* Je dis « rivale, » car, en effet, cette naïve princesse avait juré d'être la sienne! Elle avait demandé ingénument (1) à un seigneur de la cour quelles sortes de fonctions remplissait auprès de son grand-père cette inséparable dame si admirablement traitée par toute la cour, presque à l'égal d'elle-même et du roi.

« Elle amuse Sa Majesté, lui répondit-on.

— Eh bien, reprit l'aimable princesse, s'il en est ainsi, je jure d'être sa rivale!... »

Mais la guerre devait bien vite éclater entre cette fière Autrichienne et la favorite. La cause en fut au moins singulière : au voyage de Compiègne qui suivit le mariage du Dauphin, le roi, prié à souper par sa petite-fille, osa lui amener la comtesse, que la princesse ne désirait pas recevoir. Bien que fort contrariée de l'obligation où elle était de lui faire quand même bon visage, Marie-Antoinette eut un mot charmant pour accueillir le roi et sa maîtresse.

« Ah papa! lui dit-elle, je ne vous avais demandé qu'une grâce et vous m'en accordez deux!... »

Mais le lendemain, la Dauphine, qui savait mieux alors quelles sortes « d'amusements » la Du Barry procurait au roi, ne se gêna pas pour manifester devant son entourage toute la répulsion et le juste dé-

(1) Née en 1755, Marie-Antoinette avait alors à peine quinze ans.

goût que lui inspirait la courtisane. De son côté, la Du Barry, jalouse déjà de certaines préférences de Louis XV, qui passait chez la Dauphine plus de temps qu'elle n'aurait voulu, ayant appris les propos tenus par la princesse, se répandit contre elle en invectives de tous les genres. Elle se moqua de sa figure, de ses cheveux, de ses mains, de son teint; elle critiqua sa tenue, sa gaucherie même et certaines inexpériences que cette enfant royale n'avait heureusement pas encore perdues (1).

Choiseul, espérant toujours gagner quelque chose à tous ces conflits, entra franchement et publiquement dans le parti de la Dauphine, et il attisa tant qu'il put et de toutes ses forces le feu de la discorde dont il devait être la première victime. Il avait surtout contre lui deux ambitieux qui conseillaient et dirigeaient toutes les actions de la Du Barry : Maupeou, chef de la justice et qui prostituait chaque jour sa

(1) Elle appelait le Dauphin *un grand garçon mal élevé*, et avait surnommé la Dauphine *la Rousse*. Elle se permit aussi des plaisanteries sur le bruit qui courait que le Dauphin était impuissant. Ce prince se vengea d'elle presque aussitôt, car une de ses tantes le sollicitant de donner la place de premier écuyer de sa maison au vicomte Ad. Du Barry : « Qu'il ne s'approche pas de moi, dit le Dauphin, je lui donnerais de ma botte sur la joue. » Il entrait en effet dans ces fonctions de débotter le prince à son retour de la chasse.

simarre et sa dignité dans les plus infâmes complaisances; d'Aiguillon, fourbe, débauché, homme de plaisir, sans talent ni conscience, et dont la maîtresse du roi avait fait son plus intime favori, à ce point que sur les apparences seules leur liaison avait été ouvertement calomniée. Le roi voulut même se fâcher; sa maîtresse se moqua de ses craintes et de ses scrupules, et Louis XV fut désarmé!...

Ces deux hommes haïssaient Choiseul, et poussaient sourdement à sa chute; le roué s'en mêlait aussi, quand il n'avait pas trop bu ou trop joué, et Terray entrait enfin lui-même avec eux dans la ligue. Le ministre tombé, la favorite allait donc avoir sous sa main l'argent et les affaires de la France, car ses dignes amis devaient tenir les cordons de la bourse et l'ouvrir à toutes ses volontés! Mais son indolence, son amour des plaisirs, son ennui des affaires, retardèrent encore quelque temps l'événement. D'ailleurs aux premières tentatives d'abord timidement faites sur l'esprit du roi, Louis XV avait vaguement répondu; il tenait à Choiseul, qui assurait son repos, et par cela même ses plaisirs; il dormait tranquille, soupait joyeusement, chassait avec passion parce qu'il savait la France entre les mains de Choiseul, et la pensée que le souci des affaires pouvait lui revenir lui causait une appréhension terrible, qui protégeait encore suffisamment son ministre contre les attaques de sa maîtresse. Il faisait même personnellement une démarche, et tâchait d'accommoder les choses en écrivant à Choiseul plusieurs lettres (1) aimables, pour essayer de le réconcilier avec Mme Du Barry, lui parlant de ses sentiments pour lui, du bonheur dont il jouissait avec elle, et du repos plus grand qu'il aurait s'il pouvait voir le ministre faire quelques avances, se radoucir, être galant même avec la comtesse, pour la forme seulement s'il le voulait, mais par condescendance pour lui-même, son ami et son roi.

Après ces lettres, qui sous leurs formes polies lui apportaient presque un ordre, Choiseul crut devoir faire une visite à la favorite ; il fit demander une audience, car la dame avait des prérogatives royales, et on lui faisait singer, comme elle le pouvait, l'étiquette et les habitudes de la reine de France. Mais cette rencontre ne devait servir qu'à envenimer les choses ; Choiseul était trop fier pour s'humilier tout à fait, et il ne put s'empêcher de laisser percer dans ses compliments mielleux et hypocrites le persiflage le plus insolent et le mépris le moins dissimulé. L'étourdie en rit la première ; elle le plaisanta même fine-

(1) Elles ont été publiées en 1829, dans la *Revue de Paris*, après communication de M. le duc de Choiseul.

ment, avec esprit, et lui donna congé en lui tendant gaiement la main, comme pour lui dire : « Vous ne m'aimez pas, mais je suis bonne fille, cela m'est égal ; j'ai pitié de vous, allez vous-en, nous ne pouvons nous entendre ! » L'entrevue avait duré trois heures, et après que Choiseul fut parti, d'Aiguillon en savait aussitôt les détails et le résultat ; de son côté, d'ailleurs, le ministre ne chercha pas à taire ses impressions, et il déclara, au milieu de vives exclamations de colère et de dépit, « que la coquine lui donnait bien du mal ! »

Les parlements en donnaient aussi beaucoup au roi. L'illustre et austère compagnie n'avait jamais, sous aucun règne, abusé davantage des remontrances contre les édits et les vues du monarque. Ce droit, tantôt toléré, tantôt contesté, avait été souvent l'objet de vives discussions où la majesté royale n'avait pas toujours eu le dessus. Sous ce règne faible, méprisé, où l'honneur de la monarchie s'en allait en détail, où sa force et son prestige s'amoindrissaient tous les jours, le respect de la loi et de la dignité nationale semblait s'être réfugié au sein de cette vieille magistrature, si souvent en opposition avec les exigences illicites de la couronne. Il y avait donc naturellement guerre ouverte entre Louis XV et son parlement, et la maîtresse et ses amis voulaient, par un coup d'État inattendu, licencier en une fois toute la compagnie, pour substituer à ses membres intègres et populaires de nouveaux membres liés au pouvoir et dont l'intérêt serait absolument de le servir. Choiseul, autant par honneur que par intérêt personnel, soutenait le parlement, et il faisait même instruire alors devant lui l'affaire scandaleuse de son ennemi le duc d'Aiguillon, accusé depuis longtemps déjà par le courageux et célèbre procureur général La Chalotais, de lâcheté et de prévarication dans son gouvernement de Bretagne.

Mais dans sa lutte contre l'opinion publique et le parlement, d'Aiguillon avait pour lui de hautes protections et de puissants amis. Spirituel, élégant, d'une légèreté pleine de gaieté et d'entrain, il amusait le roi et la cour, et il était devenu tout d'abord l'ami particulier et le conseiller le plus intime de la favorite. Grâce à elle, il put braver, non sans impopularité ni sans honte, la justice et l'arrêt du parlement justement sévère et irrité. On assurait en effet qu'au moment où l'on repoussait les Anglais, débarqués par surprise à Saint-Cast, d'Aiguillon, chef suprême de la province de Bretagne et des troupes, s'était, par peur, réfugié dans un moulin, ce qui fit dire à ce même La Chalotais que le commandant de l'armée s'était couvert non pas de gloire, mais de farine ! On l'accusait encore de concussions et d'odieuses tyrannies, et la contrée tout entière s'était prononcée énergiquement contre lui et avait exigé son rappel et son procès (1769). Conseillé par Maupeou, qui ne négligeait aucun moyen pour mettre « en querelle et en mal » le roi et le parlement, Louis XV évoqua l'affaire au parlement de Paris, et voulut y présider solennellement lui-même. Il fut fort mal accueilli, aussi bien par le peuple que par les magistrats ; les débats du procès donnèrent lieu à des violences incroyables ; le roi se déclara insulté et annula toute la procédure. Aussitôt le parlement rendit un arrêt par lequel le duc d'Aiguillon, « se trouvant gravement inculpé de faits qui entachaient son honneur, » était suspendu de ses fonctions de pair, jusqu'à ce qu'il se fût purgé par un jugement (1770, 2 juillet). Cet audacieux défi au pouvoir royal fut cassé dans un lit de justice où les magistrats furent traités de séditieux. Alors le parlement déclara « que ses membres, dans leur douleur profonde, n'avaient pas l'esprit assez libre pour décider des biens, de la vie et de l'honneur des sujets du roi, » et ils cessèrent de rendre la justice (1).

Paris, léger et frondeur, siffla les gens du roi, applaudit le parlement et chansonna d'Aiguillon dans

(1) Th. Lavallée, *Histoire des Français*, t. III.

un vaudeville qui courut aussitôt les rues, et où on faisait dire au futur ministre :

Oublions jusqu'à la trace
De mon procès suspendu,
Avec des lettres de grâce
On ne peut être pendu.
Je triomphe de l'envie,
Je jouis de la faveur,
Grâces aux soins d'une amie,
J'en suis quitte... pour l'honneur!...

Pour remercier la comtesse du service signalé qu'elle venait de lui rendre en le faisant *blanchir* malgré la justice et les lois, d'Aiguillon lui offrit une superbe chaise vis-à-vis de la plus grande beauté et d'une valeur considérable (52,000 livres, dit-on) ; on fit encore à ce sujet courir l'épigramme suivante :

Pour qui ce brillant vis-à-vis?
Est-ce le char d'une déesse
Ou de quelque jeune princesse?
Disait un badaud surpris.
Non..., de la foule curieuse
Lui répond un caustique, non!
C'est le char de la *blanchisseuse*
De cet infâme d'Aiguillon!...

C'est encore à propos et à la suite de cette affaire que circula secrètement la jolie chanson de Dorat, si connue sous le titre : *Épître à Margot*. On sait ce qu'est le secret en pareille affaire ; la chanson n'était que manuscrite, mais les copies s'en étaient promptement répandues par milliers, et comme on ne savait qui poursuivre, qui saisir, qui punir, car l'auteur avait d'abord prudemment gardé le silence, puis l'avait rompu ensuite pour protester contre les bruits qui inculpaient sa muse de ce crime de lèse-Du Barry, la police de la courtisane en fut réduite à faire incarcérer quelques pauvres diables de copistes, coupables seulement d'avoir gagné un peu d'argent en multipliant, à tant par heure, les reproductions de la chanson incriminée, que voici tout entière :

Pourquoi craindrais-je de le dire ?
C'est Margot qui fixe mon goût ;
Oui Margot ! cela vous fait rire ?
Que fait le nom ? La chose est tout.
Je sais que son humble naissance
N'offre point à l'orgueil flatté
La chimérique jouissance
Dont s'enivre la vanité ;
Que, née au sein de l'indigence,
Jamais un éclat fastueux,
Sous le voile de l'opulence,
N'a pu dérober ses aïeux ;
Que, sans esprit, sans connaissance,
A ses discours fastidieux
Succède un stupide silence :
Mais Margot a de si beaux yeux

Qu'un seul de ses regards vaut mieux
Que fortune, esprit et naissance.
Quoi ! dans ce monde singulier
Irai-je consulter d'Hozier ?
Non, l'aimable enfant de Cythère
Craint peu de se mésallier ;
Souvent, pour l'amoureux mystère,
Ce dieu, dans ses goûts roturiers,
Donne le pas à la bergère,
En dépit des seize quartiers.
Et qui sait ce qu'à ma maîtresse
Garde l'avenir incertain ?
Margot, encor dans sa jeunesse,
N'est qu'à sa première faiblesse ;
Laissez-la devenir catin ;
Bientôt peut-être le destin
La fera marquise ou comtesse !...

Choiseul avait eu une part très-vive et très-influente dans l'affaire du duc d'Aiguillon, et il comprit bien, après l'arrêt brutal qui venait de la terminer, que la chute du parlement suivrait ou précéderait presque immédiatement la sienne. Il avait aigri son ennemi, qu'il espérait abattre, et ses menées pour forcer en quelque sorte sa condamnation avaient été trop évidentes, trop publiques même, pour que la coterie qui voulait sa perte ne les eût pas toutes successivement connues. En effet, il se forma alors une liaison plus étroite encore entre d'Aiguillon, le chancelier et la Du Barry, et leurs conférences secrètes et intimes, fréquemment renouvelées, tendirent toutes au même but : briser Choiseul et les parlements ! Ces dignes acolytes dictèrent à la maîtresse du roi le rôle nouveau qu'elle devait jouer pour obtenir absolument ces deux choses : mais la haine de d'Aiguillon contre Choiseul fit décider que la favorite insisterait d'abord, et principalement, pour le renvoi du ministre, dont il était impatient de se venger en prenant sa place. Elle s'y employa à sa manière habituelle, légère, enfantine et plaisante. Elle chassait son cuisinier, qui ressemblait au ministre : « J'ai chassé mon Choiseul, quand chasserez-vous le vôtre ? » Elle faisait sauter dans ses mains des oranges qui représentaient le ministère : « Saute, Choiseul ! saute, Praslin ! » Et le roi riait ; il trouvait sa maîtresse amusante, spirituelle, pleine de gaieté et d'à-propos, et se laissait peu à peu gagner par ces folles mignardises qui ruinaient un peu plus tous les jours la popularité et l'honneur du pouvoir !... S'agissait-il du parlement, on lui faisait placer dans l'endroit le plus apparent de son boudoir le portrait de Charles Ier, de Van Dyck, qu'elle avait acheté vingt-quatre mille livres à la vente du baron de Thiers : « La France (1), tu vois ce tableau ? Si tu laisses faire ton

(1) C'est ainsi que le roi de France se laissait surnommer par elle ! Tout le monde connaît l'histoire de la cafetière : « La France, ton café f... le camp ! »

parlement, il te fera couper la tête comme le parlement d'Angleterre l'a fait couper à Charles! » Enfin, comme le roi redoutait par-dessus tout la guerre, elle lui prouvait d'une manière irréfutable, par la production d'une correspondance habilement soustraite, que le ministre soi-disant indispensable n'était point libre alors de la faire ou de ne point la faire, et que la paix de l'Europe pouvait également être obtenue sans lui. Ce dernier argument fut décisif et la perte de Choiseul presque aussitôt résolue.

Le 24 décembre 1770, le roi adressa au duc de La Vrillière une note ainsi conçue :

« Le duc de La Vrillière remettra les ordres suivants à MM. de Choiseul et me rapportera leurs démissions. Sans Mme de Choiseul, j'aurais envoyé son mari autre part, à cause que sa terre est dans son gouvernement ; mais il en sera comme s'il n'y était pas, et il n'y verra que sa famille et ceux à qui je pourrai permettre d'y aller. »

A cette note étaient jointes les deux lettres suivantes :

A mon cousin le duc de Choiseul.

« J'ordonne à mon cousin le duc de Choiseul de remettre sa démission de sa charge de secrétaire d'État et de surintendant des postes entre les mains du duc de La Vrillière, et de se retirer à Chanteloup jusqu'à nouvel ordre de ma part.

« A Versailles, ce 24 décembre 1770.

« Louis. »

A mon cousin le duc de Praslin.

« Mon cousin, je n'ai plus besoin de vos services, et je vous exile à Praslin, où vous vous rendrez dans les vingt-quatre heures.

« A Versailles, ce 24 décembre 1770.

« Louis. »

Le duc de Praslin était alors fort malade de la goutte et incapable de partir; il obtint un sursis de quelques jours. Quant à Choiseul, son exil dut être immédiat, mais il eut toutes les apparences d'un triomphe, et sa disgrâce fut l'occasion d'une manifestation publique, où personne ne craignit d'afficher ouvertement sa sympathie et ses regrets. Comme il était ordonné au ministre tombé de ne point recevoir pendant le peu de temps qu'il devait séjourner à Paris, une foule immense — peuple, prélats, grandes dames et grands seigneurs — vint s'inscrire à sa porte; un prince du sang, le duc de Chartres, osa plus encore : comme les gardes qui défendaient l'entrée de l'hôtel habité par Choiseul voulaient empêcher le prince d'arriver jusqu'à lui, il s'irrita, jura qu'il entrerait, et s'emporta si fort et si haut qu'il fut impossible de s'opposer à ce qu'il vît le ministre, qui était d'ailleurs son ami particulier. L'entrevue fut courte, mais bien touchante ; le duc de Chartres embrassa plusieurs fois Choiseul en pleurant et en l'assurant de son éternelle affection. Quand il revint à son carrosse, la foule qui entourait l'hôtel accueillit le prince par les acclamations les plus enthousiastes. Le lendemain, jour du départ de Choiseul, tous ceux qui avaient dû se borner à lui faire parvenir, sans le voir, la muette expression de leur attachement, accoururent sur la route que devait suivre sa voiture. En un moment cette route se trouva couverte de carrosses et d'une foule considérable de gens à pied, de toutes les classes ; le ministre passa lentement, ses chevaux au pas, au milieu de tout ce peuple criant et pleurant, et où les indifférents de sa puissance étaient devenus subitement, autant par opposition contre le roi que par inquiétude de l'avenir, les courtisans de sa disgrâce et de son malheur.

C'est alors que la France tomba véritablement aux mains de trois hommes : d'Aiguillon, Maupeou et Terray. Ce Maupeou (1), chancelier, chef de la jus-

(1) Né en 1714, mort en 1792, à la veille du tribunal révolu-

tice, était un homme avili, méprisé et détesté. Il s'était fait l'ami et le complaisant de Mme Du Barry, espérant arriver par elle au but qu'il poursuivait avec tant d'acharnement depuis sa rentrée aux affaires : la destruction des parlements. Il s'était humilié devant la courtisane, avait pris part à ses fêtes les plus licencieuses, et, une fois même, on l'y avait surpris dans une certaine tenue indigne de la haute et grave position qu'il occupait ; il était devenu la risée des valets de la comtesse, et surtout le jouet de son nègre, ce Zamore-Chérubin qui faisait la pluie et le beau temps à Luciennes, en attendant qu'il fît condamner sa bienfaitrice à l'échafaud ! Quand le chancelier arrivait au château de la favorite, il n'était pas de plaisanterie ridicule qu'on n'essayât contre lui ; mais cet homme vil se moquait de l'opinion publique, et il la bravait même ouvertement. Un jour qu'étant dans son carrosse, on l'avait insulté dans la rue, il mit courageusement son visage à la portière de sa voiture, et cria encore plus fort que ses insulteurs, qui finirent même par l'acclamer ! Il en était venu, dans son admiration et son amitié pour la Du Barry, jusqu'à improviser un lien de famille entre elle et lui, et il ne l'appelait plus,

tionnaire, qui ne l'eût sans doute pas épargné. Il succéda à son père, comme chancelier, en 1768.

et le plus sérieusement du monde, que *ma chère et aimable cousine! — ma cousine la comtesse! — mon honorable cousine!...* Je prends dans les écrits du temps deux scènes burlesques qui donneront mieux encore une idée de l'abaissement où, par désir de flatter sa prétendue cousine, cet homme déconsidéré était volontairement descendu :

Pendant un voyage de Compiègne, le chancelier donna à la favorite un dîner qui l'amusa beaucoup, et qui aurait couvert de ridicule le chef suprême de la justice, s'il en eût été encore susceptible.

Elle avait alors un petit nègre, nommé Zamore, qu'elle aimait beaucoup, et avec qui elle jouait comme un petit chien ; sa maîtresse le menait partout avec elle. M. de Maupeou voulut faire sa cour à l'une en amusant l'autre, car il ne négligeait aucun des petits moyens de lui plaire. Il fit servir à l'entremets un superbe pâté ; ce n'était qu'une espèce d'attrape, car on n'eut pas mis le couteau dedans qu'il s'en échappa un essaim de hannetons qui volèrent partout, et principalement sur l'énorme perruque du chancelier. Ce petit jeu fit beaucoup rire Zamore, qui peut-être n'avait jamais vu de ces insectes ; il voulut en prendre et vint en chercher dans ces filets chevelus où ils étaient embarrassés. Le nègre enfin, respectant peu le chef de la magistrature, pour jouir plus à son aise des hannetons, enleva la perruque entière de M. de Maupeou ; et Mme Du Barry de rire à gorge déployée, et le chancelier de se prêter de la meilleure grâce du monde à la dérision générale.

*
* *

Le roi étant entré brusquement, ces jours derniers, chez Mme Du Barry, a trouvé cette dame, qui est fort gaie et fort coquette, jouant à colin-maillard avec de jeunes courtisans, et au milieu d'eux tous le chancelier, en simarre, faisant lui-même le colin-maillard, ce qui a fort réjoui Sa Majesté.

Le duc d'Aiguillon (1) succéda à Choiseul au département des affaires étrangères, et l'abbé Terray resta aux finances, qu'il dirigeait depuis la fin de 1769.

L'abbé Terray n'était pas moins impopulaire que ses deux collègues, et il était encore plus célèbre pour son faste et pour sa débauche. Sa fortune était considérable (2), et il trouvait encore le moyen, généralement illégal, de s'enrichir dans toutes les affaires. Son administration était aussi décriée que son caractère et sa personne, et bien qu'il eût un certain talent, une grande pratique des affaires et des ressources d'esprit

(1) Armand Vignerot-Duplessis-Richelieu, duc d'Aiguillon, neveu du duc de Richelieu, né en 1720. Il fut le favori et, dit-on, l'amant de la duchesse de Châteauroux. Exilé en 1774, il mourut oublié en 1788.

(2) Né en 1715, mort le 18 février 1778. Il avait annuellement, pendant son ministère, 152,000 livres de rente de fortune personnelle, 200,000 livres comme contrôleur général, et 80,000 livres de rente d'une abbaye que lui donna le roi, soit 430,000 livres, ou plus d'un million d'aujourd'hui.

Lisez l'étude de P. Clément : *Portraits historiques*, Didier, 1855, Paris.

supérieures à sa réputation, il n'en était pas moins, par son immoralité et sa mauvaire foi, l'objet du mépris universel. A eux trois, ces hommes « au génie malfaisant » enlacèrent la favorite comme dans un réseau inextricable, et ils devaient, hélas! tout obtenir de leur influence et de son crédit : elle devenue par eux toute-puissante sur l'esprit du roi, eux dirigeant à la fois par elle la monarchie et l'État! En effet, Louis XV ne voyait plus rien, n'entendait plus rien que par les yeux et par les oreilles de sa favorite, stylée et conseillée par ces trois hommes. Le roi laissa tout faire à ce triumvirat odieux, et lui permit tout : l'un obtint le renvoi des parlements ; l'autre proclama la banqueroute de l'État; le troisième, soit impéritie, soit complicité, ferma les yeux sur le honteux partage de la Pologne.

Dans la nuit du 19 janvier 1771, Maupeou fit arrêter dans leurs maisons tous les membres du parlement, et exigea d'eux, sur l'ordre du roi, qu'ils consentissent à reprendre aussitôt leurs fonctions volontairement abandonnées. Ils devaient simplement répondre par un *oui* ou par un *non*. En deux jours tous avaient refusé le *oui* demandé, et tous étaient condamnés à l'exil. Un arrêt du conseil les déclara déchus de leurs charges et confisqua leurs biens; puis des détachements de cavalerie vinrent les saisir chez eux, et divers lieux d'exil leur étant assignés, ils y furent immédiatement conduits. Enfin, le 15 avril suivant, un nouveau parlement, qui prit le nom de son fabricateur, *le parlement Maupeou*, fut créé et solennellement institué, et la justice reprit son cours; justice moquée, chansonnée, il est vrai (1); parlement dont les premières séances donnèrent lieu à de sanglants désordres et à de dures et impopulaires répressions, et dont presque tous les membres, prostitués au ministre et à la favorite, vendirent la justice plutôt qu'ils ne la rendirent!... En moins d'un an, tous les autres parlements de France subirent à peu près les mêmes recompositions, et ce grand corps de la magistrature, dont les justes et fréquentes remontrances avaient souvent arrêté les empiétements excessifs de la monarchie, disparut comme par enchantement et sans résistance. La royauté put

(1) Couplet sur le nouveau parlement :

« Quand je vois ce tas de vermine
Que l'on érige en parlement,
Je les pendrais tous sur la mine! »
Disait le bourreau gravement.
« Mais, en vertu d'une sentence
De ce conseil irrégulier,
Je ne pourrais, en conscience,
Pendre même le chancelier. »

Nouvelle épitaphe de M. le chancelier.

Ci-gît Maupeou l'abominable,
Ci-gît avec lui son esprit!
Passant, ne crains pas son semblable,
Jamais monstre ne reproduit!...

s'imaginer qu'elle avait remporté un grand triomphe ; elle crut plus que jamais à sa force et à sa durée, sans prévoir que son absolutisme même allait faire éclater plus évidemment la preuve de sa faiblesse et de son ineptie. La favorite et son âme damnée riaient aux éclats, au milieu des folles orgies de Luciennes, en songeant aux mines désappointées de ces honnêtes conseillers, saisis, interrogés et arrêtés au saut du lit, pendant une froide nuit d'hiver ; et l'aveugle royauté, qui avait successivement renversé les jésuites et le parlement, « s'applaudissait d'avoir brisé les deux seules armes qui résistassent aux novateurs, et se croyait à l'apogée de sa puissance, parce qu'elle restait seule devant le peuple!... (1). »

Les finances, livrées presque sans contrôle à Terray, mangeur et dilapidateur, à la merci d'une courtisane insatiable et d'un roi qui laissait faire, tombèrent bientôt elles-mêmes dans l'état le plus alarmant. De déficit en déficit, la dette avait atteint un chiffre si considérable (2), qu'il fut bientôt impossible de la payer tout entière, et de réduction en réduction, le ministre dut en venir beaucoup plus simplement et

(1) Th. Lavallée, *Histoire des Français*, tome III.

(2) Au commencement de 1769, on avait dévoré par avance toute l'année 1770 et deux mois de 1771 !

plus franchement à proclamer la banqueroute (1769). C'était la ruine ; c'était surtout la misère, car c'est sur les petits bourgeois, sur les petits rentiers, sur les petites fortunes que la déroute du trésor public fit principalement sentir ses tristes effets. Joignez à cela une famine continuelle, amenée et aggravée par d'infâmes tripotages sur le commerce des grains accaparés et revendus au dehors à des prix exorbitants !... Tripotages odieux dans lesquels le roi, sa maîtresse et ses favoris s'enorgueillissaient d'avoir la meilleure part, et dont ils affichaient hautement les criminels bénéfices. Le secret de ce pacte épouvantable, connu et flétri sous le nom de *pacte de famine*, transpirait cependant à la longue et donnait lieu à des soulèvements et à des rixes terribles, dans lesquelles le peuple faisait déjà l'essai et l'épreuve de sa force, et où les troupes royales, souvent battues et chassées par lui, emportaient, en fuyant devant la justice populaire, les cris de haine et de malédiction proférés contre ce lâche monarque qui oubliait dans les bras de sa maîtresse que son peuple avait faim !...

Pendant que la ruine et le mépris assaillaient à l'intérieur la royauté expirante, d'Aiguillon nous laissait couvrir de honte à l'extérieur en fermant les yeux sur l'odieux morcellement d'un peuple, d'une nation libre ! La Prusse, l'Autriche, la Russie — Frédéric, Marie-Thérèse, Catherine II — démembrèrent, par un accord infâme (5 août 1772), cette Pologne royale qui ne pouvait et, il faut bien le dire, ne savait pas se défendre elle-même. La vieille nation « fut démarquée comme un mouchoir (1), » et la résolution de ce honteux partage entre ces « trois égorgeurs du Nord » nous fut apprise et connue alors seulement qu'il était depuis longtemps décidé en principe et même à peu près consommé... A cette nouvelle, le rouge de la honte empourpra un moment le visage royal ; le sang vicié du vieux roi sembla se rajeunir dans ses veines ; le petit-fils d'Henri le Grand frémit à la lecture de la dépêche ; il parla de secours à porter, de protestations à faire : « Ah ! dit-il en branlant sa tête vieillie, si Choiseul eût été là, la chose ne se serait pas ainsi passée !... » mais le lendemain, après une nuit d'orgies, il avait oublié sa velléité d'honneur et de courage de la veille, il était retombé dans son apathie habituelle, et d'Aiguillon, resté maître de la situation, approuvait tout, se bornant à ordonner un simulacre d'armements dans nos ports, qu'il faisait lâchement suspendre presque aussitôt, en présence des menaces de l'Angleterre.

Alors que s'accomplissaient ces graves événements, Mme Du Barry, indifférente et insoucieuse, incapable

(1) Jules Favre, *Corps législatif.*

de comprendre jamais la portée des actes immenses qu'elle avait provoqués, concertait avec ses amis un projet bien autrement incroyable et qui avait cependant de grandes et sérieuses chances de réussite. Un matin, à son petit lever, pendant qu'à demi nue, assise sur sa couche de satin rose, elle faisait chausser ses pieds mignons dans des pantoufles de brocart d'or que lui tendaient, d'un côté le nonce du pape, de l'autre le grand aumônier de la cour, le cardinal de la Roche-Aymon, la favorite en vint à songer à la durée éphémère des fortunes et des bonheurs de ce monde. Elle n'était que la maîtresse du roi comme Pompadour l'avait été, comme sous le grand règne l'avait aussi été Montespan, et d'un jour à l'autre le roi pouvait se lasser d'elle et l'abandonner solitaire dans son Luciennes déserté! Le souvenir de la marquise de Maintenon lui passa alors par la tête, ou mieux on le lui fit entrevoir; elle en rit d'abord, puis elle se fit promptement à cette idée que, si une veuve bigote, sans jeunesse et sans beauté, avait pu épouser secrètement le roi de France, celui qui avait été le grand roi, rien ne devait s'opposer à ce que la comtesse Du Barry, jeune et belle, épousât aussi de la même manière son amant et son roi... Le duc d'Orléans venait précisément de prendre secrètement pour femme (1773), et sans l'assentiment du roi, sa maîtresse, la marquise de Montesson. Un mot de Mme Du Barry — qui songeait déjà très-sérieusement à épouser le roi, et dont un semblable exemple ne pouvait que servir les projets — avait servi d'autorisation. Comme le prince insistait beaucoup pour que la favorite obtînt l'agrément de Louis XV à son mariage :

« Épousez toujours, gros père, répondit-elle, épousez!... votre affaire s'arrangera, j'y suis d'ailleurs très-personnellement intéressée!... »

La marquise de Montesson était, en somme, une fort honnête personne, distinguée, réservée, intelligente, lettrée (1), remplie de grâces, et qui tint très-dignement son rang, comme femme du duc d'Orléans d'abord, puis comme sa veuve, de 1785 à 1806, époque de sa mort. L'empereur Napoléon l'estimait beaucoup, et il eut même quelques relations d'amitié avec elle. Mais la malignité publique s'exerça aussi sur cette union soi-disant secrète et qui était, longtemps avant son accomplissement, le bruit public de la cour et de la ville. Il courut à ce moment une pièce de vers assez longue, où tous les princes, plus ou

(1) On jouait chez elle de jolies comédies de sa composition, qui ont été depuis réunies en volumes avec des poésies et autres pièces diverses. Le recueil, qui est fort rare, est connu sous le titre d'*Œuvres anonymes*. 8 vol. in-8°; Paris, 1782.

moins ralliés à la Du Barry, étaient traités de la manière la plus honteuse et la plus vile :

Le seul honneur que ce tripôt s'arrache
C'est, le matin, de voir en cotillon
La Du Barry qui rit et sur eux crache... Etc.

Le dernier couplet, concernant le duc d'Orléans, mettait dans la bouche de la courtisane une double allusion qui montrait suffisamment que le secret de son projet d'hyménée n'était pas bien scrupuleusement gardé :

. . . . . Et toi, lourde ganache,
Louis consent, épouse Montesson.
Je le permets ; je veux aussi qu'on sache
Que tu vivras sous ma protection,
Quand le remords du sultan le plus lâche
M'élèverait au rang de Maintenon !...

On prétendait aussi que, dans un souper à Villers-Cotterets, le duc d'Orléans avait annoncé son mariage à ses amis et à sa cour, dans des couplets orduriers qui sont suffisamment connus, puisque, s'éloignant de leur origine, ils sont devenus et sont encore aujourd'hui populaires :

Voulez-vous que de Fanchette
Je vous parle, mes enfants ?
La petite est si drôlette,
Ses appas sont si friands !... Etc.

La favorite se sentait donc appuyée et encouragée par ce précédent, et son conseil réuni approuva non-seulement le projet de son difficile mariage, mais il voulut encore en hâter la prompte réalisation. Il importait en effet de ne pas se laisser devancer par les inventeurs de projets semblables, et il y avait alors à la cour un parti à la tête duquel était le duc de Richelieu, momentanément en brouille avec la Du Barry, lequel rêvait de séparer le roi de sa maîtresse par un mariage, soit secret avec Mme Pater, soit officiel avec une archiduchesse d'Autriche. Le second projet avait déjà été proposé, mais sans succès, sous le ministère de Choiseul ; quant au premier, il avait été inspiré à Richelieu par la passion subite du roi pour une certaine baronne de Neukerque, mariée au Hollandais Pater, et récemment divorcée. Cette femme, excessivement jolie, coquette, fine et adroite, ne demandait pas mieux que de jouer le rôle de la Maintenon ; mais elle voulait prudemment, comme elle, ne se donner au roi qu'après un bel et bon mariage qui la mît à l'abri de la honte d'un caprice et d'un renvoi.

Avant de pressentir le roi sur ses intentions, qu'il

espérait faire tourner au gré de la favorite, d'Aiguillon voulut d'abord s'assurer de la cour de Rome, et faire préalablement déclarer la nullité du mariage contracté avec le comte Du Barry. Et ce fut un plaisant et odieux prétexte que celui qu'on mit en avant pour obtenir du pape la déclaration désirée ! En effet, il s'agissait de représenter que, peu au fait des règles canoniques, la comtesse Du Barry n'avait su que depuis la célébration de son hymen qu'il fût défendu d'épouser le frère d'un homme avec qui on a vécu, ce qui constituait aux yeux de l'Église un inceste facile à établir et à constater par les preuves et les témoins les plus irrécusables et les plus nombreux ; car elle était bien obligée d'avouer qu'elle avait eu des *faiblesses* (*sic*) pour un frère de son mari ; que, prévenue heureusement du crime qu'elle allait commettre, sa conscience ne lui avait pas permis d'habiter avec son nouvel époux ; qu'ainsi le mal n'était pas encore fait, et que Sa Sainteté était donc à même de la relever d'une alliance aussi scandaleuse !...

Je n'invente pas ces choses et je ne les écris pas sans preuves ni à la légère ; la correspondance secrète du cardinal de Bernis démontre suffisamment que cette intrigue inouïe eut un commencement d'exécution. Ce coquet, aimable, poëte et charmant cardinal, alors ambassadeur à Rome, fut mystérieusement chargé de cette difficile et délicate négociation. Et il l'eût menée à bonne fin! et Louis XV, abruti, abâtardi, sans force ni volonté, eût sans doute épousé sa maîtresse, si la mort ne fût venue lui épargner à propos cette dernière honte! N'avait-il pas pour elle bravé la moquerie et les risées de l'Europe entière, de son peuple, de sa famille elle-même? N'avait-il pas chassé son ministre le plus honorable, brisé ses parlements, laissé partager la Pologne? Qu'importaient donc une impudeur et un avilissement de plus, au milieu de toutes ces impudeurs et de tous ces avilissements?

Alors tout allait « à la dérive, » la ruine complète arrivait, le peuple affamé se battait journellement dans la rue contre la maréchaussée, presque toujours impuissante; toutes les institutions, la morale, l'honneur, le respect des lois, des hommes et de Dieu, et par-dessus tout la force et le prestige du pouvoir royal, se dissipaient et s'écroulaient peu à peu; l'abîme semblait proche, un bouleversement général paraissait inévitable, on sentait la terre brûlante mouvoir sous ses pas, quand Louis XV mourut tout à coup et bien à temps (10 mai 1774), laissant à son successeur l'honneur de reculer de près de vingt ans encore l'infaillible révolution qu'il prévoyait. J'ai raconté ailleurs (1) et avec beaucoup de détails la fin terrible et subite du vieux Louis XV. Il ne fut malade que douze jours, et il mourut, une après-dînée de mai, d'une petite vérole qu'il avait bien gagnée ! On ne put l'embaumer, tant la putréfaction de son corps pourri avait été rapide. Les médecins et les seigneurs de la cour ayant déserté le palais aussitôt après la mort du maître, on fut obligé de faire venir les vidangeurs de Versailles pour enfermer dans sa bière cette pourriture royale ! Un char à bancs l'emporta en poste à Saint-Denis, sans pompe, sans cérémonie aucune, et au milieu de la haie insultante d'un peuple exaspéré et moqueur, qui eût traîné au ruisseau, si on l'eût laissé faire, les restes immondes de celui que trente ans auparavant il avait baptisé du surnom de *Bien-Aimé !*

(1) Lisez dans mon volume *Morts royales* (Paris, Achille Faure, éditeur) le récit détaillé de la mort de Louis XV et des curieuses intrigues de cour auxquelles elle a donné lieu.

SIXIÈME PARTIE

La double famille de Mme Du Barry ne s'était pas oubliée pendant sa toute-puissante faveur; et d'ailleurs il faut reconnaître que la courtisane eut toujours pour les siens des égards et des bontés dont ils abusèrent avec un sans gêne facile à comprendre.

Elle conserva de bonnes relations avec sa mère, et la mit à même de vivre dans une grande aisance; elle la rapprocha de son mari, le sieur Rançon, et lui donna un logement à Paris, au couvent de Sainte-Élisabeth, en lui constituant un train de maison très-honorable, avec chevaux, voiture et laquais. Elle leur acheta même à tous deux, comme habitation d'été, une petite ferme appelée *la Maison rouge*, à Villiers-sur-Orge, près Lonjumeau. Puis, comme il n'était pas convenable que la maîtresse du roi eût pour mère une femme d'un nom aussi vulgaire que celui de Rançon, elle l'obligea, sans grand'peine j'imagine, à s'appeler désormais Mme de Montrable, et elle la déguisa en marquise. Elle la visitait une fois par mois, dînait avec elle, et elle la reçut même plusieurs fois, décorée de son nouveau nom, à Versailles et à Louveciennes. Plus tard, après sa faveur, Mme Du Barry eut les mêmes soins de sa mère, et, à sa mort, arrivée le 20 octobre 1788, « elle stipula, au profit du sieur Rançon de Montrable, une rente viagère de 2,000 livres, » qu'il toucha toujours très-exactement. Elle fit également une pension à sa tante, Mme Quantigny, et aida à l'établissement de ses cinq enfants.

Quant à son propre mari, le comte Guillaume Du Barry, condamné par contrat à promener son abjection et sa honte dans les rues de Toulouse, il ne cessa, pendant les quatre ans que dura la faveur de sa femme, de l'accabler de ses demandes réitérées d'argent, auxquelles elle satisfit d'abord sans trop y regarder ; puis comme les importunités de ce mari modèle étaient incessantes et ses désirs insatiables, et que même, au mépris de ses engagements, il était venu jusqu'à Paris poursuivre la favorite et exiger, avec insolence et éclat, des remises de sommes plus considérables, elle lui fit intimer sévèrement l'ordre de retourner immédiatement à Toulouse pour n'en plus sortir tant que le roi vivrait. Elle subvint d'ailleurs à ses dépenses et à ses débauches en lui faisant attribuer annuellement une forte somme sur les revenus du duché de Roquelaure, et lui constitua en outre, par acte spécial, 5,000 livres de rente; puis, chose plus plaisante!... cette femme qui vivait à deux cents lieues de son mari, et qu'elle fit jeter deux fois dans la rue par ses laquais, lors de sa fugue imprévue, obtint du Châtelet de Paris, le 1er avril 1772, une sentence contradictoire par laquelle « étaient séparés d'habitation » ces deux époux qui n'avaient jamais habité ensemble (1)!

Son beau-frère Élie, le dernier des Du Barry, créé grâce à elle comte d'Hagicourt, obtint aussi par sa protection le grade de capitaine; il devint même ensuite colonel de la garde du comte d'Artois. Mme Du Barry lui procura en outre un beau et riche mariage avec Mlle de Fumel, unique héritière de 60,000 livres de rentes; le roi lui fit à cette occasion un cadeau de

(1) Il passa le reste de sa vie à Toulouse; plus heureux que son frère Jean, il traversa paisiblement les heures terribles et sanglantes de la Révolution et sauva sa tête de l'échafaud. Après la mort de la Du Barry, il se remaria avec Jeanne-Madeleine Lemoine et mourut le 2 août 1811, à soixante-dix-neuf ans.

500,000 livres. Le comte Élie mourut seulement en 1830; il eut un fils qui devint colonel sous l'Empire et qui n'est mort que fort tard, sous le règne de Louis-Philippe.

Mais le membre de la famille Du Barry qui devait le plus profiter de la haute fortune de la maîtresse du roi fut précisément celui qui l'avait en partie causée : le comte Jean Du Barry, le roué, le joueur, le débauché, l'homme certainement le plus honteux et le plus méprisable de l'indigne coterie, — « avide volée de harpies entourant cette courtisane facile et fantasque (1), » — qui circonvint, stimula et conseilla la favorite pendant sa faveur. Je viens de dire qu'il la conseilla, et Dieu sait ce que ses conseils coûtèrent à la France! L'argent du trésor et de l'État, extorqué par la maîtresse, passait entre les mains du roué, et payait son jeu, ses folies, son sérail et ses médecins. Il avait jusqu'à cinq maîtresses à la fois, dont l'une, Mme de Murat, eut un moment de célébrité; Jean Du Barry les promenait impudemment de tripot en tripot, dans les plus beaux et les plus riches atours. Et cependant cet homme hideux avait une figure repoussante; ses yeux, malades des suites de ses débauches et couverts presque toujours d'emplâtres et de remèdes, donnaient

(1) H. Martin, *Histoire de France*, tome XVI.

à sa physionomie « un aspect dégoûtant qui faisait mal à voir. » Il était insatiable et se vantait d'avoir dépensé dix-huit millions pendant la faveur de sa belle-sœur! Le chiffre est inexact et exagéré, mais, en le réduisant au quart, on peut être à peu près dans la vérité, car il faut bien, dans le compte des dépenses de la Du Barry, admettre le roué pour quatre ou cinq millions. Il lui arriva de perdre en une seule soirée jusqu'à sept mille louis en or, et comme on le plaisantait sur le sang-froid magnifique avec lequel il supportait une aussi forte perte :

« Bah! messieurs, disait-il avec insolence à la galerie, ne vous chagrinez pas de moi, c'est vous qui payerez tout cela!... »

Il avait baptisé le roi du surnom de *frérot;* n'était-il pas, en effet, un peu son beau-frère? Et comme un jour un ministre lui refusait une faveur indiscrètement demandée :

« Ah çà! vous ne me connaissez donc pas! criait-il bien haut; mais c'est moi qui ait fait M. d'Aiguillon et M. de Boynes, et bien d'autres! mais c'est moi qui ai eu l'honneur de donner une maîtresse au roi! c'est moi qui soutiens le chancelier et le contrôleur général! prenez-y garde et ne me donnez pas de l'humeur!... »

Comme il voulait conserver son influence sur sa belle-sœur et forcer quand même sa reconnaissance, il avait placé auprès d'elle sa propre sœur, Claire Du Barry, petite, laide, bossue, mais intelligente et active, et qu'il avait chargée de surveiller les actions de la comtesse et de lui rappeler, au besoin, à qui elle devait sa fortune. Il devint même si importun, si exigeant, ses insolences furent si fort en dehors de toute convenance et de toute mesure, que le roi lui fit interdire l'entrée du palais. Il dut aller porter ses plaintes et ses jérémiades à Luciennes, en l'absence de Louis XV et devant la favorite, qui, « par dégoût et par lassitude de ses exigences, » lui donnait ce qu'il voulait pour se débarrasser de lui. Poussée par lui, assaillie, accablée, excédée de ses demandes et de ses prières, elle entreprend trois fois de marier son fils, le vicomte Adolphe. C'est Mlle de Béthune, dont la famille repousse avec honte l'idée d'une semblable alliance; c'est Mlle de Saint-André, fille naturelle de Louis XV, et dont le tuteur, M. de Saint-Yon, fait au roi de si nobles et de si franches représentations, que le monarque s'oppose absolument au mariage; c'est enfin Mlle de Tournon, parente des Soubise et des Condé, à peine âgée de dix-sept ans, et qui se résigne à épouser le soupirant (1), peut-être parce que son ambi-

(1) Le vicomte Du Barry fut tué en duel, assez mystérieusement, en 1778, par un Irlandais de ses amis, le comte Rice. Sa femme

tieuse famille entrevoit pour elle le moyen d'arriver ainsi plus vite jusqu'au roi; le roi! qui était encore, à près de soixante-quatre ans, le point de mire de toutes ces beautés et de toutes ces vertus de cour!. . Et il fallut donner au roué, comme présent de noces et pour payer ses dettes de jeu, une sorte de pot de vin pris sur le trésor royal, et qui dépassa 20,000 livres. Aussi, quand le roi mourut et que la Du Barry tomba, de quelles bordées de rires et de sifflets on accueillit partout sa famille! Le comte Jean se sauva le premier, et au plus vite, abandonnant ses maîtresses, ses tableaux, son hôtel et ses voitures; il se réfugia en Suisse, à Lauzanne (1), sans vouloir attendre un seul jour, pour voir quelle tournure allaient prendre les événements : « Les tonneliers auront bien de

changea alors de nom et se fit nommer baronne de Tournon. Le roué voulut l'obliger judiciairement à reprendre le nom de son mari; elle échappa, par un second mariage, à l'issue incertaine du procès.

(1) Revenu en France quand il y put rentrer sans danger, il végéta longtemps à Paris et à Toulouse; devenu constitutionnel enragé en 1791, il fut nommé chef de bataillon de la garde nationale de Toulouse; arrêté après le 10 août, il resta longtemps en prison, puis il fut condamné à mort par le tribunal révolutionnaire de la Haute-Garonne, « comme complice des crimes de sa belle-sœur, » et exécuté le 18 frimaire au II (7 janvier 1794). Il mourut avec courage, au milieu des huées de la populace.

l'occupation, criait-on dans tout Paris, les Barils fuient!... »

Cependant Mme Du Barry était à Rueil, chez le duc et la duchesse d'Aiguillon, ni trop triste, ni trop inquiète, mais voyant diminuer chaque jour la cour qui l'y avait d'abord suivie. Elle n'était point non plus trop désespérée, et ne regrettait sérieusement, de sa grandeur évanouie, que les courbettes, les adulations, les basses platitudes et les mensongers compliments des courtisans de sa fortune, qui devaient naturellement disparaître avec elle. Son état de fortune était encore considérable et lui permettait un train de maison véritablement princier; sa famille, enrichie par elle, était à l'abri du besoin, et elle ne se considérait pas comme trop à plaindre, en songeant à la belle et somptueuse existence qu'elle pouvait mener à Luciennes, au milieu des quelques fidèles dont le dévouement et l'amitié auraient survécu à sa faveur. Mais deux jours après la mort du roi, une lettre du duc de la Vrillière vint apprendre à l'ex-favorite qu'il ne fallait pas songer pour le moment à la réalisation de cet aimable rêve; la lettre était un ordre d'exil ainsi conçu :

A Versailles, le 12 may 1774.

« J'espere, madame, que vous ne douterés pas de toute la peine que je ressens d'être obligé de vous annoncer une deffense de paroître à la cour ; mais je suis obligé d'exécuter les ordres du roi, qui me charge de vous marquer que son intention est que vous n'y veniés pas jusqu'à nouvel ordre de sa part. Sa Majesté, en même temps, veut bien vous permettre d'aller voir madame votre tante, à l'abbaye de Pont-aux-Dames, et je vais écrire en conséquence à Mme l'abbesse afin que vous n'éprouviés nulle difficulté. Vous voudrés bien m'accuser la réception de cette lettre par celui qui vous la remettra, afin que je puisse justifier à Sa Majesté de l'exécution de ses ordres.

« J'ai l'honneur d'être, avec respect, madame, votre très-humble et très-obéissant serviteur.

« Le duc de LA VRILLIÈRE. »

Elle en pleura d'abord, pendant que Paris la chansonnait :

LES CINQ PONTS

Complainte.

Les Ponts ont fait époque dans ma vie,
Dit Lange en pleurs dans sa cellule en Brie.
Fille d'un moine et de Manon Giroux,
J'ai pris naissance au sein du *pont aux Choux!*
A peine a lui l'aurore de mes charmes,
Que le *pont Neuf* vit mes premières armes !
Au *pont au Change*, à plaisir je fêtois
Le tiers, le quart, soit noble, soit bourgeois ;
L'art libertin de rallumer les flammes
Au *pont Royal* me mit le sceptre en main.

Un si haut fait me loge au *pont aux Dames*,
Où j'ai bien peur de finir mon destin !...

Paris chansonnait aussi le roi, et l'épitaphe suivante courait déjà la rue, au lendemain même de sa mort :

Remplissant ses honteux destins,
Louis a fini sa carrière.
Filles, pleurez ! Pleurez coquins !
Vous avez perdu votre père !. .

Une chanteuse de l'Opéra, renommée pour son esprit et son inconduite Mlle Arnould, appréciait mieux encore le chagrin et le dommage que la mort du monarque libertin et la chute de sa maîtresse devaient causer aux femmes de sa sorte : « Nous voilà toutes, disait-elle, orphelines de père et de mère !... »

Pont-aux-Dames est une vieille abbaye située près de Meaux, au milieu d'une forêt sauvage, à l'aspect triste et désert ; après les splendeurs de Versailles et les colifichets dorés de Louveciennes, ce lieu d'exil dut sembler une prison. La Du Barry en fut d'abord effrayée, triste quelques jours, pleurant même, mais publiquement et sans se gêner, devant les sœurs du couvent, de façon à être vite consolée. Elle le fut promptement en effet, et après quelques jours d'ennui elle chercha à retrouver les distractions qui avaient jusque-là charmé sa joyeuse existence ; elle obtint presque aussitôt du roi que sa belle-sœur viendrait la rejoindre ; un peu plus tard la même faveur fut accordée à la vicomtesse Du Barry, sa nièce, et elle eut ainsi un petit cercle plus gai et plus étendu. Enfin elle reprit jusqu'à son train de maison, ses femmes, ses cuisiniers, ses officiers ; et pour loger tout ce monde, qui faisait l'étonnement et le trouble dans ce lieu naguère si calme et si tranquille, elle fit ajouter à grands frais à l'abbaye, par son architecte Ledoux, une aile entière, où elle établit aussi confortablement que possible sa maison ainsi reconstituée. Elle passa de la sorte dix-huit mois dans cette paisible retraite, qu'elle avait bouleversée et remuée de fond en comble, et où restèrent bien longtemps après elle les traces luxueuses de son passage. Elle obtint alors, par les intercessions de ses amis, l'autorisation de venir résider à dix lieues de Paris et de Versailles, et elle acheta près d'Arpajon le domaine de Suivrain ou Saint-Vrain. Elle s'y ennuya beaucoup plus qu'au couvent. moins entourée, moins admirée, comblée de moins d'égards et de prévenances, obligée de jouer pour tuer le temps, et perdant en une soirée, contre le chevalier de Langles, une partie de 90,000 livres, qui avait commencé par un enjeu de douze sous! inquiétée par ses créanciers, qui depuis deux ans la pourchassent; tourmentée par ses deux femmes de chambre, dont l'une est toujours enceinte et l'autre toujours malade, et que par bonté d'âme elle ne peut se décider à mettre à la porte; enfin ne sachant que faire pour occuper ses longues journées de loisir, n'aimant ni le travail ni la lecture, s'ennuyant bien vite de la société monotone des siens, et bâillant, puis s'endormant au milieu d'eux, pour se réveiller tout à coup, avec des accès de gaieté excentrique, suivis de cris et de pleurs, sans motifs ni raison!

On lui conseilla alors d'écrire à Maurepas, redevenu ministre sous Louis XVI, pour solliciter l'autorisation de rentrer à Luciennes :

7 janvier 1776.

On m'a fait l'honneur d'une lettre de cachet après la mort du feu roi, afin de ne pas exposer les secrets de l'État. Si j'en ai connu quelques-uns, je les ai oubliés avec cette légèreté qui m'est naturelle. Il n'y a que trois choses dont j'aie conservé un plein souvenir : les bontés du feu roi, mes torts envers la Dauphine et la générosité de la reine pour les oublier... Je tiens à tout obtenir de votre courtoisie; vous êtes trop spirituel pour voir en moi une personne à craindre, et trop galant pour vous refuser à rendre une femme heureuse; je demande la permission d'habiter dorénavant Luciennes...

Et le ministre aimable de répondre sur le même ton d'extrême galanterie :

Vous m'avez charmé en vous adressant à moi ; votre douceur, vos qualités précieuses, la réserve que vous avez gardée dans votre disgrâce, vous ont donné droit à une auguste indulgence ; tout mon mérite a été de la provoquer. Vous pouvez aller à Luciennes... Veuillez accepter mes remercîments de la bonne opinion que je vous ai inspirée...

Elle put donc reparaître à Luciennes, y reprendre sa vie, son luxe, son train tout entier, et recommencer, mais sur un pied forcément plus restreint, la vie brillante et fêtée des grands jours de sa haute fortune. Elle retrouva quelques fidèles de sa société d'autrefois : d'Aiguillon, Soubise, Maupeou, Richelieu ; son existence fut plus douce, plus calme, et même plus sage qu'on ne saurait croire ; on pourrait presque dire que la raison l'avait en quelque sorte un peu gagnée, et qu'elle lui venait soudainement avec l'âge ; elle sut se faire oublier de ses ennemis dans sa chère retraite, et elle n'eut plus, dans le reste de sa vie, que deux amours et d'un genre bien différent de ceux qui l'avaient jusqu'alors occupée. Puis, chose plus étonnante, elle chercha, obligée il est vrai par les poursuites incessantes de ses créanciers, à mettre de l'ordre dans ses affaires, et elle paya la plus grande partie de ses dettes.

Elle trouva en effet tout à coup une heure de diversion douce et heureuse à sa vie habituelle et à la légèreté de ses passions ordinaires dans un petit roman sentimental qui lui fournit le plus pur et peut-être le seul amour véritable de sa vie, car il fut tout à fait calme, réservé, silencieux, je puis même dire, à propos d'une telle femme, presque platonique. C'est un petit épisode charmant, et dans les quelques lettres qui en ont conservé la trace on est tout étonné de trouver autant de simplicité, de grâce, de naturel, et même de cœur et d'esprit. Ces lettres, M. F. Barrière les a communiquées à MM. de Goncourt, à qui je les emprunte à mon tour.

Un Anglais, voisin de campagne, devenu l'un des familiers de Luciennes, lord Seymour a sa fille souffrante. La châtelaine s'intéresse à la malade, et le roman commence par un petit billet aimable et gracieux, mais de simple prévenance polie et toute naturelle entre voisins et amis :

« Je suis bien touchée, monsieur, de la cause qui me prive du plaisir de vous voir chez moi, et je plains bien sincèrement Mlle votre fille du mal qu'elle souffre ; je juge que votre cœur est tout aussi malade qu'elle-même, et je partage votre sensibilité; je ne puis que vous exorter à prendre courage puisque le médecin vous rassure sur le danger; si la part que ji prans pouvoit vous être de quelque adousicement pour vous, vous seriez moins agité.

« Mlle Du Barry est aussi sensible que moi pour tout ce qui vous touche, et me charge de vous en assurer de sa part.

« Notre voyage a été très-heureux; Cornichon ne vous oublie pas et parle sens cesse de vous; je suis charmée que le petit chien puisse distraire un instant mademoiselle votre fille.

« Recevez, monsieur, l'assurance des sentiments que je vous et voüe. »

De Louveciennes, samedi à 6 heures.

Quelques jours après, elle est un peu plus tendre et elle parle, et comme timidement d'abord, « de son amitié; » puis c'est en même temps l'envoi d'un petit souvenir adressé à l'amateur et au collectionneur:

« On a dit depuis longtemps que les petits soins entretiennent l'amitié et monsieur Seymour doient être bien persuadée a quel point on est occupée à Loûvecienne de tout ce qui peut lui plaire et convenir, il parait désirer avec beaucoup de chaleur une pièce de monoye prodigué fort mal a propos au mince jeu de loto elle est du temps de Louis Quatorze, monsieur Seymour est grand admirateur de ce siècle si fégont (1) en merveille, en voilà un diminutif que

(1) On lit dans la béatification de Mme Du Barry, par M. Capefigue : « La comtesse n'écrivit jamais que de petites lettres, fort

les dames de Louvecienne lui envoient. C'est avec plaisir quelle lui en font l'homage elles s'en privent parce qu'elle savent bien que monsieur Seymour sentira le prix du sacrifice et cera bien persuadée que les dames voudres trouver des ocations plus essentielles à lui marquer leur amitié.

« Il n'y a point de nouvelles ici que celle du petit chien qui ce porte très bien et boit tout seul. »

Mais enfin l'amour éclate et déborde, et voici comment il s'exprime dans ce brûlant billet :

« Les assurance de votre tendresse, mon tendre ami, fon le bonheur de ma vie. Croyez que mon cœur trouve ces deux jours bien long et que s'il était en son pouvoir de les abréger il n'aures plus de peine, je vous attands samedi avec toute l'impatiance d'une ame entierement avous et jespere que vous ne desirerais rien. Adieu, je suis à vous. »

Ce jeudi, à deux heures.

Et puis encore cette autre lettre, qui ne fait pas partie de la même collection, mais qui se rattache évidemment au même épisode ; la comtesse a été souf-

rares aujourd'hui, mais d'une grande perfection d'orthographe, ce qui suppose une bonne éducation. » *M*^{me} *la comtesse Du Barry*, note, page 46. M. Capefigue n'a donc jamais lu un autographe de Mme Du Barry sur l'original ? J'ai sous les yeux une lettre de la comtesse au duc de Brissac, qui contient vingt-trois fautes d'orthographe en neuf lignes ! .. O sainte Du Barry de M. Capefigue, priez pour nous !!!

frante, elle n'a pu écrire, « ses doits son seule coupable : »

« Mon cœur est à vous sans partage, et si j'ai manqué à ma promesse, mes doits son seule coupable. J'ai été très incomodée depuis que vous mavez quitté et je vous assure que je n'avez de force que pour pencer a vous... Adieu, mon tendres amis, je vous aimes, je vous le répète, et je crois etre heureuse, je vous embrace mille foit, et suis a vous : venez de bon heur. »

Une autre ensuite, moins douce, douce encore cependant, mais annonçant déjà un ralentissement dans la passion :

« Vous n'aurez qu'un mot de moi et qui cerais de reproches si mon cœur pouvez vous en faire je suis si fatigué de quatre grande lettres que je viens décrire que je nai que la force de vous dire que je vous aime. Demain je vous dirai ce qui ma empeché de vous donner de mes nouvelles mais croyez quoique vous en disiez vous serais le seul amis de mon cœur adieu. Je nai pas la force de vous en dire davantage. »

Vendredi à deux heures.

Enfin c'est l'adieu, car déjà lord Seymour n'aime plus, quand peut-être Du Barry aime encore.

Ce mercredi, à minuit.

« Il est inutile de vous parler de ma tendresse et de ma sensibilité, vous la connoissé. Mais ce que vous ne connoissés pas ce son mes peines, vous navez pas daignée me rassurer sur ce qui affecte mon ame. Ainsi je croit que ma tranquillité et mon bonheur vous touche peu c'est avec regret que je vous en parle mais cest pour la dernière foit. Ma téte est bien. Mon cœur souffre. Mais avec beaucoup d'attantion et de courage je parviendrai à le dompter; louvrage est pénible, et douloureux, mais il est nécessaire, cest le dernier sacrifice quil me reste a lui faire. Mon cœur lui a fait tous les autres. C'est a ma raison à lui faire celui-cy. Adieu. Croiie que vous seul occuperai mon cœur (1). »

Quels sentiments inattendus ! Cette courtisane se fait tendre et délicate ! Cette prostituée est devenue douce et simple ! Son cœur s'est peut-être ouvert tout à coup à cet amour noble et pur qu'il n'avait sans doute jamais connu ! Elle a été comme surprise et « empoignée » subitement par lui ; elle aime pour la première fois, et l'on pourrait presque dire chastement ! Quelle correspondance courte, rapide, pleine de sensibilité charmante et d'aimables pensées ! C'est une métamorphose momentanée de la favorite d'un roi et de

(1) *Portraits intimes du XVIII*e *siècle*, par MM. de Goncourt, tome II, pages 1 à 10; Paris, Dentu, 1858.

la maîtresse de tant d'autres, devenant tout à coup amante véritable, et laissant le souvenir de cet amour passager et poétique dans quelques lignes si émues, si expressives, si vraies !

Elle vivait donc à Louveciennes, heureuse, satisfaite, tranquille, entourée même d'un reste de véritable grandeur, et traitée parfois à l'égal des plus hauts personnages (1). Une grande partie des amis que pendant sa faveur elle avait su se faire par sa bienfaisance et sa bonté avaient repris leurs relations avec elle, et venaient charmer les loisirs et les ennuis de sa retraite. Elle menait toujours un très-grand train, car elle ne se bornait pas à recevoir ses amis et à les traiter royalement, elle leur prêtait même de l'argent, et souvent des sommes très-considérables (2), qui ne lui étaient pas toujours bien exactement ni intégralement rendues. Elle dépensait toujours beaucoup pour satisfaire ses goûts de luxe et de toilette ; elle vivait au milieu d'un faste excessif, et il arriva

(1) L'empereur Joseph II, frère de Marie-Antoinette, étant venu en France, alla faire une visite à la Du Barry, et il lui offrit le bras en se promenant avec elle dans le parc de Louveciennes. Elle reçut également la visite du roi de Suède Gustave III, voyageant en France sous le nom de comte de Haga.

(2) Le 9 avril 1775, Mme Du Barry prêta à M. le duc d'Aiguillon une somme de deux cent mille livres, qui ne lui fut rendue que le 30 août 1784. (*Archives de Seine-et-Oise.*)

qu'au moment même où elle faisait tous ses efforts pour désintéresser de son mieux les nombreux créanciers qu'elle avait déjà, elle s'en faisait tous les jours de nouveaux par ses perpétuelles dépenses.

Après la mort de Louis XV, et en l'absence de Mme Du Barry, reléguée à Pont-aux-Dames, un nombre considérable de réclamations d'argent dû par elle ayant été adressé à l'intendant général de la maison du roi, on voulut se rendre compte des sommes que la comtesse avait reçues pendant sa faveur, et de la fortune qui devait lui rester. Son intendant, Montvallier, chargé de ce travail, dressa alors un état des sommes payées au nom de la comtesse par le banquier de la cour, M. Beaujon, jusqu'à la mort du roi. Cet état, dont j'ai le détail sous les yeux, est daté du 15 juillet 1774, et son total s'élève au chiffre effrayant de 6,375,559 l. 11 s. 11 d. On y trouve, entre autres articles curieux, des dépenses de bijouterie pour la somme de 2,279,663 livres ; des dentelles et étoffes pour celle de 790,107 livres ; des chevaux et voitures pour 124,817 livres ; puis, travaux à Luciennes, 323,852 livres ; objets d'art, 337,867 livres ; sommes diverses remises à sa famille, 1,081,052 l. 15 s 2 d. ; acquisition d'un pavillon, 661,628 l. 16 s. 9 d. ; et enfin, réunis en un même article : *musique, dons et aumônes*, 47,525 liv. 5 s.

A la mort du roi, il restait seulement à la comtesse Du Barry, pour payer ses dettes, la propriété viagère de Luciennes, qu'elle ne pouvait aliéner, et dont la dépense égalait presque le revenu, puis 150,000 livres de rentes viagères, qui suffisaient à peine à son entretien et à son luxe. Comme elle ne voulait pas réduire son train de maison ni économiser sur ses plaisirs, elle se décida à vendre d'abord une petite partie de ses bijoux; avec le produit de cette vente, elle donna de forts à-compte à ses créanciers les plus exigeants; puis elle céda, en 1775, à Monsieur, frère du roi, et moyennant 224,000 livres, son magnifique hôtel de Versailles. A l'aide de tous ces sacrifices et d'arrangements faits avec ses autres créanciers, elle arriva à les contenter à peu près tous. Mais comme ses dépenses augmentaient toujours, et qu'à mesure qu'elle payait ses dettes, elle en contractait de nouvelles, elle voulut les éteindre toutes à la fois, du même coup, par un dernier et considérable sacrifice, prenant en même temps la résolution — qu'elle ne tint pas, comme on doit bien le croire — de restreindre ses prodigalités et de devenir subitement économe. Elle obtint du roi, mais seulement en avril 1784 et après les démarches les plus instantes de ses meilleurs et plus influents amis, l'échange de 60,000 livres de rentes contre 1,250,000 livres d'argent comptant que lui délivra le trésor royal, et avec lesquelles elle termina presque définitivement le règlement de ses affaires.

Et maintenant, si l'on veut se rendre compte du genre de dépenses habituellement faites par cette courtisane frivole et légère, il faut parcourir les quatre volumes de comptes possédés par la Bibliothèque impériale, et les mémoires d'ordres et payements publiés dans les *Mélanges des bibliophiles* (1857), par le riche amateur et collectionneur le bibliophile baron Pichon. Je me borne à donner quelques extraits choisis dans les articles les plus curieux de ces précieuses collections :

1° *Toilettes.*

On trouve dans l'incroyable liste des robes, dentelles, et manteaux, et mantelets, et jupes merveilleuses de toutes grandeurs et de mille diverses étoffes, des robes « fond argent semé de bouquets de plumes » ; des robes « rayées de grosses lames d'or courant dans les fleurs et les œillets; » des robes « fond blanc guirlandé de roses » ; des robes « fond mosaïque guilloché d'or et encadré de myrte », et dont les moindres coûtent 1,000, 2,000, 3,000 et 4,000 livres. On trouve des manchettes depuis 200 jusqu'à 600 livres ; des coiffes de point à l'aiguille de 1,400 livres; des garnitures de peignoirs du matin de 2,500 livres ; des déshabillés d'Angleterre de 4,000 livres ; des toilettes de point d'Argentan à 9,000 livres; des blondes d'argent, des guirlandes, des pompons, des glands de cœur, des « chicorées relevées et pincées avec du jasmin », depuis 500 jusqu'à 3 et 4,000 livres. Et les grands habits mordorés, soutachés d'or et relevés de broderies ! Et les robes *sur le panier!* et les robes *sur la considération!* et les mille fanfreluches qui figurent dans les mémoires de Mme Sigly, dans ceux de Davaux, « brodeur de Mme la comtesse », de Pagelle, « modiste de la rue Saint-Honoré, à l'enseigne des *Traits galants* », de Mme Bertin, qui a succédé aux Labille, où jadis la Du Barry a travaillé (1).

2° *Mémoires de Roettiers père et fils, orfèvres ordinaires du roi.*

Il y a quatre mémoires, du 23 septembre 1769 au 4 avril 1774, qui s'élèvent au chiffre de 391,192 livres. On y trouve entre autres les articles suivants :

Deux petits chandeliers.	236 liv.	18 s.
Dix douzaines d'assiettes, huit plats, douze flambeaux.	30,174 —	»
Quatre flambeaux à girandoles, représentant les quatre éléments, enrichis de têtes de bélier à guirlandes de laurier.	11,837 —	»
Pot au lait d'or, avec chiffre, guirlandes, feuilles de myrte, de persil, groupe de roses, etc. . . .	2,687 —	»

(1) Dans le compte fait après la mort de la Du Barry, on trouva chez elle, en étoffes, robes, linge de corps, etc., pour une valeur de 160,029 livres, et en bijoux, montres, diamants, etc., pour 400,000 livres. Elle devait encore, en 1793, 40,896 livres à Mlle Bertin, sa modiste, et 2,275 livres à M. Bataille, son parfumeur à Versailles. (*Archives de Seine-et-Oise.*)

Pots, plateaux, cuillers, etc., avec ornements d'enfants tenant des guirlandes, armes, têtes de bélier, trophées, carquois, fleurs, etc. .	24,000 — »
Façon de vaisselle plate avec feuilles de laurier, agrafes, etc. . . .	20,259 — »
Deux cuillers à sucre d'or, ornées d'Amours tenant des guirlandes de lauriers et de feuilles de vigne. .	2,054 — »
Un moutardier avec plateau et cuiller en or, bas-relief et armes. . . .	5,184 — »
Une pomme de canne pour le coureur de Mme la comtesse.	546 liv. 9 s.

3° *Mémoire du sieur Lecomte, sculpteur ordinaire du roi, pour Mme Du Barry, s'élevant au chiffre de 25,600 livres.*

Une figure de 4 pieds et demi, en marbre, pour servir de torchère dans la salle à manger de Luciennes.	10,000 livres.
Pour un modèle de girandole composé de deux figures de femmes portant des branches de fleurs pour recevoir des bougies.	800 —
Un fronton de dessus de porte en pierre de Tonnerre, avec armes et figures allégoriques.	7,400 —
Pour les angles de la porte, deux centaures de neuf pieds de haut, en pierre de Conflans.	2,600 —
Pour la niche de l'abreuvoir, une figure de sept pieds, en plomb, d'après l'esquisse représentant Hercule qui combat l'hydre, et destinée à servir de fontaine. . .	4,800 —

4° *Note de Ledoux, architecte, montant au chiffre de 80,239 livres.*

Relevé des articles de son mémoire.

La salle à manger.	1,794 livres.
Le vestibule.	698 —
Le salon carré.	19,706 —
Le salon ovale.	31,272 —
Le salon en cul-de-four.	6,660 —
Antichambre et garde-robe.	1,109 —
Piédestaux, etc.	20,000 —

5° *Notes diverses s'élevant au chiffre de 125,405 livres.*

Aux sculpteurs Monot, Feuillet, Métivier, Caffieri, Guichard et Pajou. . . .	73,987 livres.
Aux peintres Vien, Vernet, Musson, Forty et Greuze.	29,208 —
A Rostenne, musicien de la chapelle. .	1,512 —
A divers marchands.	20,698 —

6° *Note de Vente, relieur à Paris.*

Le prix des reliures, en maroquin plein, aux armes de la comtesse, est généralement d'environ 15 livres par volume (1).

(1) La Bibliothèque de la ville de Versailles possède cent quarante-deux ouvrages ayant appartenu à Mme Du Barry, et formant trois cent quatre-vingts volumes. Presque tous sont reliés en maroquin rouge, dorés sur tranche, et portent sur le plat, des deux côtés, les armes de la comtesse avec la devise : *Bouttez en avant.*

7° Note de Cozette, entrepreneur de tapis de la manufacture royale des Gobelins.

Mémoire de trois pièces de tapisseries avec pourboires aux ouvriers, récompenses et honoraires. . 16,779 livres.

8° Mémoires de Pajou, sculpteur, de 1770 à 1774, s'élevant à 19,288 livres.

Un portrait.	1,200 livres.
Trois bustes de la comtesse.	1,800 —
Un autre buste en marbre blanc . . .	6,000 —
Un médaillon.	96 —
Un petit buste.	96 —
Une figure en marbre blanc, destinée à porter des lumières.	10,000 —
Réparation d'un buste.	96 —

9° Mémoire de Drouais, peintre du roi, montant au chiffre de 40,260 livres.

Trois portraits de Mme la comtesse. . .	2,760 livres
Un petit garçon tenant une pomme. . .	720 —

On trouve dans cette collection la plupart des productions futiles et licencieuses du siècle dernier, en même temps que les œuvres les plus sérieuses et les plus estimées de toutes les littératures. Ainsi on est fort étonné d'y voir, à côté des œuvres de Corneille et de Racine, et relié avec le même soin et la même richesse, un livre sur *le rouge végétal à l'usage des dames*, avec une lettre sur les maladies des yeux causées par l'usage du rouge et du blanc. M. Le Roi a donné le catalogue complet des livres qui se trouvent aujourd'hui encore à Versailles.

Le 24 juin 1770, livré quatre dessus de portes peints par Fragonard, et cédés à Drouais, qui les vend à la comtesse. .	1,200 —
Avoir rentoilé deux de ces dessus de portes.	420 —
Portrait ovale et copie.	2,400 —
Deux dessus de portes avec un portrait et un enfant tenant un oiseau.	2,400 —
Six portraits et copies, dont une pour le roi de Suède.	3,300 —
Quatre dessus de portes : l'un représente Mlle Betsi (cousine de la Du Barry) jouant du triangle ; l'autre, un petit garçon s'enfuyant avec des raisins ; un autre, un enfant tenant des roses ; et un quatrième, un petit garçon jouant du tambour de basque.	2,880 —
Frais de voitures pour transports et voyages alloués au sieur Drouais, du 13 décembre 1768 au 24 septembre 1772. . .	1,758 —
Un portrait de la comtesse représentant une Muse.	15,000 —
Un portrait en Flore, avec copie et cadre.	1,860 —
Une autre copie, avec cadre.	720 —
Portrait du duc d'Aiguillon.	288 —
Portrait de la vicomtesse Du Barry, avec le cadre.	780 —
Trois copies du portrait en Flore, avec cadres.	1,880 —
Une copie du portrait en Muse pour le landgrave de Hesse-Cassel.	1,000 —
Pour frais divers.	894 —

M. Le Roi a voulu calculer et donner approximativement le chiffre des sommes dépensées par Mme Du Barry pendant sa faveur ; je reproduis ce document, bien que je le croie forcément incomplet. Le total trouvé par M. Le Roi est cependant fort raisonnable, d'autant plus qu'à l'époque où vivait la Du Barry l'argent avait une valeur à peu près triple de celle qu'il a aujourd'hui. Les sommes livrées à la maîtresse du roi, sans signature ni contrôle, celles dont elle gratifia son mari et ses beaux-frères, et bien d'autres dont il ne fut tenu aucune note ni aucun compte, manquent dans cette curieuse et véridique nomenclature. A la page 93 de sa plaisante *Histoire de la comtesse Du Barry*, M. Capefigue vante « l'extrême désintéressement » de la courtisane ; il est heureux que la mort de Louis XV n'ait pas laissé à l'illustre dame plus de temps pour développer encore l'éminente qualité que lui reconnaît son historien spécial, et dont le tableau suivant, tout incomplet qu'il soit, va d'ailleurs donner une suffisante idée :

1° Mobilier donné par le roi à Mme Du Barry, lors de son mariage. . . . . . 30,000 liv.

2° Sommes payées par Baujon, banquier de la cour, pour Mme Du Barry, depuis 1769 jusqu'en 1774. 6,375,559 liv. 11 s. 11 d.

3° Achat de son hôtel par Monsieur (octobre 1775).	224,000 liv.	»
4° Echange de 60,000 livres de rentes viagères contre (au comptant).	1.250,000 liv.	»
5° 150,000 livres de rentes viagères sur la ville de Paris, les états de Bourgogne et les loges de Nantes, de 1769 à 1784.	2,400,000 liv.	»
6° De 1784 à 1793, Mme Du Barry jouit seulement de 100,000 livres de rente. .	900,000 liv.	»
7° Les dépenses faites à Louveciennes, la jouissance du château, etc., peuvent représenter environ 50,000 livres de rentes, ce qui fait de 1769 à 1793. . .	1,250,000 liv.	»
Soit comme total général. .	12,429,559 liv.	11 s. 11 d.

SEPTIÈME PARTIE

Le dernier amant de la comtesse Du Barry fut ce beau, noble, chevaleresque et malheureux Louis-Hercule-Timoléon, duc de Cossé-Brissac. Ce ne fut pas un de ces amours passagers et légers, nés d'un caprice et mourant avec lui; mais bien une passion sérieuse, vraie, fondée sur une estime sincère, et à laquelle le duc resta fidèle jusqu'à sa mort, que d'ailleurs elle causa peut-être. La comtesse accueillit les hommages de ce respectueux amant avec un sentiment de fierté jusqu'alors inconnu pour elle; elle se sentait presque régénérée par ce nouvel amour qui occupa les dix dernières années de sa vie, que ce duc charmant et illustre passa presque perpétuellement prosterné en adoration aux pieds de son idole, à laquelle il trouvait « des qualités merveilleuses et des vertus infinies. »

Que de lettres il lui écrivait pendant que son service l'éloignait d'elle! style un peu lourd, ampoulé, quintessencié; mais que de combats et d'efforts il trahit dans ce cœur généreux qui veut à tout prix inspirer l'amour dont il est lui-même embrasé! Ce personnage important, qui est à la fois gouverneur de Paris, grand panetier de France, capitaine-colonel dans la garde du roi, remplit ses meilleurs loisirs avec cette correspondance amoureuse, qui, de toutes parts, nous a été transmise. Son aide de camp, Maussabré, court pour lui presque tous les jours sur la route de Versailles à Luciennes; puis, dans les derniers temps, quand la cour a quitté malgré elle le palais du grand roi pour celui des Tuileries, c'est de Paris qu'il envoie à sa maîtresse, et jusqu'à deux fois dans la même journée, par son messager fidèle, ces billets tendres et brûlants qui lui expriment une fois de plus son inaltérable amour!... Cette passion du noble duc pour l'ancienne maîtresse du roi de France n'était pas ignorée, mais tout le monde en respectait la convenance et la discrétion, et l'on admirait à bon droit le sentiment désintéressé et délicat qui unissait ces deux personnes, dont l'une semblait reconstruire avec soin et purifier sa vie, afin de se rendre plus digne de l'amour de l'autre. Mais les jours néfastes approchaient, et la mort — sanglante et terrible — qui devait séparer les deux amants, s'était déjà choisi ces deux illustres victimes!

C'est au milieu de ces temps difficiles, où la haine du peuple se manifestait surtout contre ceux qui étaient riches, puissants ou célèbres, qu'il fallait redoubler de prudence et de modestie, se faire pauvre, se faire oublier, se cacher même, en cachant sa fortune, son luxe, sa vie. Mais pouvait-elle faire ce calcul, qui eût peut-être sauvé ses jours, cette courtisane tombée d'un trône et qui en avait conservé les préjugés, le faste et les grandeurs? Pouvait-elle prévoir l'avenir de sang amoncelé à l'horizon du vieux monde et la glorieuse révolution qui devait inaugurer un monde nouveau, en l'épouvantant d'abord de ses excès? Elle continua sa vie de plaisirs et de fêtes; elle eut ainsi l'air de braver le peuple malheureux, par l'éclat de son existence princière, par l'étalage de ses voitures armoriées, par le bruit de ses soupers et de ses concerts, et aussi par de plus graves et plus fatales imprudences. Les images du roi et de la reine, que le peuple huait dans la rue et au spectacle, elle les conservait publiquement autour d'elle, les affichait jusque dans ses antichambres; elle s'abonnait aux journaux dévoués à la cour, elle s'apitoyait sur le sort des princes humiliés et insultés, elle signait de son titre de comtesse au moment même où les titres de noblesse venaient d'être abolis. Enfin, après octobre 1789, quand la cour, chassée de son palais, est ramenée à Paris par cette route de Versailles qui fut la première étape de son long et douloureux calvaire, la comtesse Du Barry recueille à Luciennes les gardes du corps blessés pour la défense de la reine (1); elle les soigne elle-même, leur donne de l'argent pour retourner à Paris, et quand Marie-Antoinette reconnaissante la fait remercier de son zèle et de son dévouement, cette courtisane, qui a été jadis l'ennemie de la Dauphine, lui écrit l'admirable lettre que voici, et qu'à son honneur l'histoire a voulu conserver :

« MADAME,

« Ces jeunes blessés n'ont d'autres regrets que de n'être pas morts pour une princesse aussi digne de tous les hommages que l'est Votre Majesté. Ce que je fais pour ces braves est bien au-dessous de ce qu'ils méritent. Je les console et je respecte leurs blessures, quand je songe, madame, que sans

(1) La reine avait souvent reçu la Du Barry à Trianon, depuis la mort de Louis XV ; revenue à de plus honorables sentiments, la comtesse avait toujours montré dans ces rencontres le respect le plus repentant et le plus sincère.

leur dévouement, Votre Majesté n'existerait peut-être plus !

« Lucienne est à vous, madame ; n'est-ce pas votre bienveillance qui me l'a rendu ? Tout ce que je possède me vient de la famille royale ; j'ai trop de reconnaissance pour l'oublier jamais. Le feu roi, par une sorte de pressentiment, me força d'accepter mille objets précieux avant de m'éloigner de sa personne. J'ai eu l'honneur de vous adresser ce trésor du temps des notables ; je vous l'offre encore, madame, avec empressement. Vous avez tant de dépenses à soutenir et de bienfaits sans nombre à répandre ! Permettez, je vous en conjure, que je rende à César ce qui est à César. »

On conçoit que la fortune connue de Mme Du Barry, ses collections de merveilles en objets d'art et en bijoux, l'étalage même de son luxe et de ses richesses, durent souvent tenter la cupidité des voleurs de tous étages. Les petites gazettes énuméraient complaisamment ses dépenses ; ses créanciers publiaient partout le chiffre de leurs fournitures en magnificences de tous genres ; l'exagération qui s'attache toujours à ces sortes de bruits en augmentait encore l'importance, et le public pouvait être facilement persuadé — ce qui était d'ailleurs un peu la vérité — que Louveciennes recélait d'immenses trésors. La comtesse avait une très-grande confiance dans ses domestiques, et ceux-ci, surtout au moment de la Révolution, en abusèrent pour trahir et pour voler leur maîtresse. Une première fois, le 20 avril 1776, elle avait été assaillie jusque dans son cabinet par trois individus fort bien mis, qui, le pistolet à la main, avaient exigé d'elle une remise d'argent et de bijoux. Elle avait auprès d'elle un riche écrin que, dans sa frayeur, elle laissa emporter aux voleurs, lesquels, satisfaits de leur proie, s'enfuirent au plus vite, sans que depuis on ait jamais pu découvrir leurs traces.

Quatorze ans après, vers le milieu de l'année 1790, voulant éteindre les dettes nouvelles qu'elle avait faites, Mme Du Barry, à bout d'expédients, songea à faire vendre à l'étranger, par l'intermédiaire de ses banquiers, MM. Vandenyver, quelques-uns de ses plus beaux diamants. Elle en fit un choix, qu'elle réunit dans un endroit de son habitation, avec l'aide de plusieurs de ses domestiques, dont les indiscrétions, et plus probablement encore la complicité, devaient faciliter le vol considérable dont elle fut la victime, et qui fut aussi la cause de son procès et de sa mort. En effet, dans la nuit du 10 au 11 janvier 1791, pendant que la comtesse était à Paris chez le duc de Brissac, des voleurs pénétrèrent dans son château et, sans rien fouiller ni bouleverser dans la somptueuse demeure, ils allèrent directement à l'endroit où étaient placés les bijoux destinés à la vente projetée ; ils les enlevèrent et se retirèrent sans que personne se fût aperçu de leur audacieuse entreprise, ou au moins eût fait mine de s'en apercevoir. C'était pour la comtesse une perte d'une très-haute importance; on jugera aisément des immenses valeurs que représentait cette accumulation de bijoux de toutes sortes, par la nomenclature qu'elle en fit afficher à Paris et dans les environs, et qui fut également insérée dans presque tous les journaux de la France et de l'étranger.

DEUX MILLE LOUIS A GAGNER

ET RÉCOMPENSE HONNÊTE ET PROPORTIONNÉE AUX OBJETS QUI SERONT RAPPORTÉS.

Il a été volé chez Mme *Du Barry, au château de Louveciennes, dit Luciennes, près Marly, dans la nuit du* 10 *au* 11 *janvier* 1791, *les diamants et bijoux ci-après :*

1° DIAMANTS SUR PAPIER.

Un brillant, pesant 29 grains; un brillant blanc, pesant 25 grains; un brillant blanc, pesant 25 grains; un brillant rond, pesant 23 grains; un brillant rond, forme pendeloque, pesant 28 grains; un brillant rond, pesant 25 grains; un brillant pesant 24 grains; un brillant, qualité inférieure, carré long, pesant 23 grains; trois brillants, qualité inférieure, pesant chacun 23 grains et demi ; un brillant monté en épingle, forme longue, pesant 30 grains ; un brillant, forme losange, pesant 33 grains ; une partie de quarante diamants inférieurs, de 2 à 3 grains chacun et de différentes formes ; une partie de douze à quinze rubis d'Orient, pesant 3 à 4 grains chaque.

2° Diamants montés et bijoux d'or.

Une bague, très-beau brillant, carré un peu long, pesant environ 35 grains, montée en cage ; une bague d'un brillant, pesant environ 50 grains, montée à jour ; une bague d'un brillant de 26 à 28 grains, également montée à jour, une bague d'un saphir, carré long, montée à jour, avec un Amour gravé dessus, et deux brillants sur le corps ; un baguier en roussette verte, renfermant dix à douze bagues, dont une d'une grosse émeraude pendeloque, montée à jour ; pesant environ 39 grains, d'une belle couleur, mais très-lardineuse, ayant beaucoup de dessous ; une d'un onyx, représentant le portrait de Louis XIII, dont les cheveux et les moustaches sont en sardoine, garnie de diamants et de roses ; une d'un César de deux couleurs, entourée de petits brillants ; une d'un brillant brun puce, pesant 12 à 14 grains ; une d'un Bacchus antique, gravée en relief sur une cornaline brûlée ; une d'une agathe herborisée, montée à jour ; une d'une agathe orientale, représentant une figure avec une barbe, montée à jour. Une bague d'une sardoine jaune, gravée par Barbier, représentant Louis XIV, entourée de brillants, et sur le corps des roses de Hollande fort vilaines ; une d'un gros saphir en cœur, montée à jour, entourée de diamants et sur la moitié du corps de l'anneau ; une bague d'un brillant d'environ 26 grains, montée à jour, avec des brillants sur le corps ; une paire de boutons d'oreilles de deux très-beaux brillants, pesant chacun 50 grains; une rose montée à jour, de cinq cent vingt-huit brillants blancs, dont un gros au milieu, cristallin, pesant environ 24 grains; un collier de vingt-quatre gros brillants, montés en chatons à jour, depuis 15 jusqu'à 20 grains chaque; huit parties de rubans en bouillons, chacune de vingt et un brillants, chaque brillant pesant depuis 4 jusqu'à huit grains, montés à jour; une paire de boucles de souliers de quatre-vingt quatre brillants, pesant 77 karats un quart, montées à jour et doublées d'or; une croix de seize gros brillants, pesant 8 à 10 grains, montée à jour; soixante-quatre chatons, pesant depuis 6 jusqu'à 10 grains, montés à jour; une belle paire de girandoles, de la valeur de 120,000 livres, montées à jour; une bourse à argent, en soie bleue, avec ses coulants, ses glands et leurs franges, le tout en petits brillants montés à jour; un esclavage à double rang de perles, le tout d'environ deux cents perles pesant 4 à 5 grains chaque; un gros brillant au haut de la chute, pesant 25 à 26 grains, et au bas un gland à franges avec son nœud, le tout en brillants montés à jour; une autre paire de bracelets de vingt-quatre brillants, pesant environ 15 à 16 grains chaque, montés à jour, ayant au milieu une émeraude surmontée de deux chiffres en diamants : l'un formé de deux LL, et l'autre d'un D et d'un B; un rang de cent quatre perles enfilées pesant 4 à 5 grains chaque; un portrait de Louis XV, peint par Massé, monté dans un médaillon en or; une montre en or, simple, de Romilly; un étui d'or à cure-dents, émaillé en vert, avec un très-gros brillant au bout, pesant environ 12 grains, tenant sur le tout par une vis; une paire de boutons de manches, d'une émeraude, d'un saphir, d'un diamant jaune et d'un rubis, le tout entouré de diamants; un bouton de col d'un très-gros brillant couleur de rose, pesant 36 à 40 grains, monté à jour; deux grandes bandes de cordon de montre, composées de 16 chaînons à trois pierres, dont une grande émeraude et deux brillants de 3 à 4 grains de chaque côté, et trois autres petites bandes de deux chaînons chaque, pareils à ceux ci-dessus; une barrette d'un très-gros brillant, carré long, pesant 50 à 60 grains, avec trois grosses émeraudes dessous, pesant un grain chaque, le tout monté à jour: il est à observer que cette barrette n'est pas polie; deux cadenas de bracelets, composés de quatre gros brillants chacun, pesant 8 à 10 grains chaque, montés à jour; une paire de boucles d'oreilles de coques de perles avec deux diamants au bout; deux girandoles d'or, formant flambeaux, montées sur deux fûts de colonnes d'or, émaillées en lapis, surmontées de deux tourterelles d'argent, de carquois et de flèches, faites par Durand; un étui d'or émaillé en vert, au bout duquel est une petite montre faite par Romilly, entourée de quatre cercles de petits diamants, et à l'autre bout des armoiries gravées en cachet; deux autres étuis d'or, l'un émaillé en bleu, l'autre en émaux de couleurs et paysages; un portrait de Louis XIV de Petitot, un autre portrait de feu Monsieur, tous deux émaillés, ainsi qu'un portrait de femme, également de Petitot; une écritoire de vieux laque superbe, enrichie d'or et formant nécessaire, tous les ustensiles en or; deux souvenirs, l'un en laque rouge et l'autre fond or, à figures, l'un monté en or gravé et l'autre en or émaillé; deux petits flambeaux d'argent de toilette, perlés et armoriés; une boîte de cristal de roche, couverte d'une double boîte travaillée à jour; deux lorgnettes, l'une émaillée en bleu, l'autre en rouge, avec le portrait du feu roi, toutes deux montées en or; un souvenir émaillé bleu, avec des peintures en grisaille, représentant d'un côté une offrande et de l'autre une jardinière avec un petit chien à longues oreilles; un porte-crayon en or garni en diamants; une petite boîte d'or, forme ovale, émaillée en gris, entourée de trois cercles de petits rubis, y compris la gorge, à laquelle est attaché un petit anneau pendant en rubis, en forme de lacs d'amour; un reliquaire d'un pouce environ, d'un or très-pur, émaillé en noir et blanc, une petite croix dessus, montée assez gothiquement, et une perle fine de la grosseur d'un pois au bas; pièces d'or portugaises, guinées et demi-guinées d'Espagne, une dite des Noailles, des Louis XV ayant des fleurs de lis dans les quatre angles, une de M. Bignon, de M. de la Michaudière et de M. Caumartin, aux armes de la ville, une de la Régence; une médaille d'or du plus grand poids et de la plus grande forme, représentant l'inauguration du pont de Louis XVI; et plusieurs autres bijoux d'un très-grand prix.

S'adresser à Luciennes, près Marly, chez Mme Du Barry; et à Paris, chez Mre Rouen, notaire, rue des Petits-Champs; chez M. d'Angremont, rue de la Verrerie; à M. Rouen, marchand orfèvre joaillier, rue Saint-Louis, au Palais; et au clerc du bureau des orfèvres, rue des Orfèvres.

Cette affiche elle-même était une insigne maladresse ainsi que l'éclat donné à ce vol, qui, après tout, ne ruinait pas la Du Barry, puisqu'il lui restait toujours, sur la ville de Paris, 100,000 livres de rentes qui lui furent intégralement payées jusqu'à sa mort. Cette liste de merveilles des *Mille et une Nuits*, ces myriades de perles et de diamants, ces collections de pierres précieuses et de bijoux innombrables annoncées, publiées sur les murs et criées dans la rue, étaient analysées et commentées par un peuple pauvre, affamé, jaloux et avide, haïssant le riche, qu'il traitait d'accapareur, et rêvant déjà, dans la fortune comme dans tout le reste, « l'égalité ou la mort ! »

On disait alors que le vol était une pure invention de la comtesse, qui espérait, en faisant courir ce bruit arranger plus aisément ses affaires. On prétendait encore qu'elle avait fait passer ses bijoux en Angleterre pour venir en aide aux émigrés et les encourager ainsi dans leur haine contre la France. Cette dernière supposition prit beaucoup plus de consistance quand on apprit que presque tous les objets volés avaient été — disait-on — retrouvés précisément en Angleterre. Au mois de février suivant, on annonçait encore à Mme Du Barry que les voleurs présumés de ses bijoux venaient d'être arrêtés à Londres même, où on l'engageait à se rendre aussitôt pour reconnaître les objets volés. Elle partit précipitamment le 16 février 1791, et ses bijoux lui ayant été représentés, elle les reconnut sur-le-champ ; mais comme elle ne pouvait rentrer en leur possession avant l'issue du procès auquel le vol allait donner lieu, les diamants furent confiés, sous scellés, à des banquiers anglais, et Mme Du Barry revint à Luciennes le 4 mars de la même année. Elle fut rappelée en Angleterre un mois après, et elle s'y rendit le 4 avril avec un passe-port valable pour trois semaines et des lettres de crédit sur leurs correspondants à Londres, que lui donnèrent ses banquiers, MM. Vandenyver (1). Ce second voyage fut à peu près inutile, car le procès traînait en longueur, et Mme Du Barry, pressée par les termes de son passe-port, n'en put attendre la fin ; elle revint en France le 21 mai. Une nouvelle lettre la faisait repartir le 23, et cette fois elle restait jusqu'au 25 août. Cette longue absence, qui ne pouvait avoir pour motif exclusif et unique la poursuite de son procès, donnait à ses ennemis de nouvelles armes contre elle et devait, plus tard, leur fournir les arguments les plus graves et en même temps les moins évidemment réfutables

Entre ce troisième voyage et le dernier, qui n'eut lieu que l'année suivante, il se passa en France de terribles événements qui auraient cependant dû ouvrir les yeux de la malheureuse femme, lui donner à réfléchir sur le danger de ses imprudences, et la faire trembler pour elle-même en présence des horribles catastrophes dont elle fut presque la spectatrice et la

(1) « Vous pouvez compter à Mme la comtesse Du Barry toutes les sommes qu'elle vous demandera, sur son reçu.

« VANDENYVER. »

témoin. Le brave et loyal duc de Brissac, son ami, son amant, avait pris, par dévouement et fidélité, le périlleux commandement de la garde constitutionnelle de Louis XVI, et il l'avait composée de sujets dévoués au roi, auxquels il communiqua au plus haut degré l'héroïsme et l'abnégation qui l'animaient, car il avait fait le sacrifice de sa vie en acceptant ce poste d'honneur qui devait être le dernier! Le 29 mai 1792, la garde constitutionnelle est dénoncée à l'Assemblée législative par le député Bazire, « comme travaillée d'un mauvais esprit, et principalement son chef Brissac. » Après une discussion très-vive, l'Assemblée vote l'ordre du licenciement de la garde et celui de l'arrestation de son commandant. La cour envoie au duc les moyens de fuir; mais il tarde, il veut voir encore celle qu'il aime, et pendant qu'il lui écrit le malheur qui les menace tous deux, il est arrêté et envoyé à Orléans pour y être jugé par la haute cour de justice. De sa prison, il trouve encore le moyen de correspondre avec « son idole, » par l'entremise du fidèle Maussabré. Cependant le 10 août arrive; la royauté, qui ne l'était déjà plus que de nom, tombe tout à fait, Brissac va mourir (1), et Maussabré sera mis en pièces presque sous les yeux de la maîtresse de son général!

(1) Transféré de la prison d'Orléans à celle de Versailles, il y fut massacré le 4 septembre 1792; il avait cinquante-huit ans.

Mais avant de mourir, car il prévoit sa mort terrible, Brissac veut laisser à celle qu'il adore un éternel souvenir de son amour. Il lui écrit d'abord un tendre et douloureux billet :

11 août 1792.

« J'ai reçu ce matin la plus aimable lettre de celle qui depuis longtemps absorbe toutes mes émotions ; je vous en remercie. Oui, vous serez ma dernière pensée ; je gémis, je frissonne ! Adieu, cher cœur. »

Puis, dans son testament, après avoir institué pour sa légataire universelle sa fille, Mme de Mortemart, il lui « recommande ardemment une personne qui lui est bien chère, et il lui indique ce qu'il lui ordonne à son sujet, dans un codicille ainsi conçu :

« Je donne et lègue à Mme Du Barry de Louveciennes, outre et par-dessus ce que je lui dois, une rente viagère et annuelle de 24,000 livres, quitte et exempte de toute retenue; ou bien l'usufruit et jouissance pendant sa vie de ma terre de la Rambaudière et de la Graffinière, en Poitou, et des meubles qui en dépendent ; ou bien encore une somme de 300,000 livres une fois payée en argent, le tout à son choix, d'autant plus qu'après qu'elle aura opté pour l'un desdits trois legs, les deux autres seront pour non avenus. Je la prie d'accepter ce faible gage de mes sentiments et de ma reconnaissance, dont je lui suis d'autant plus redevable que j'ai été la cause involontaire de la perte de ses diamants, et que si jamais elle parvient à les retirer d'Angleterre, ceux qui resteront égarés, ou les frais des divers voyages que leur recherche aura rendus nécessaires, ainsi que ceux de la prime à payer s'élèveront au niveau de la valeur effective de ce legs; je prie ma fille de le lui faire accepter... Ma volonté étant qu'aucun de mes autres legs ne soit délivré avant que celui-ci ne soit entièrement accompli (1).

« Ce 11 août 1792.

« *Signé :*

« Louis-Hercule-Timoléon de COSSÉ-BRISSAC. »

Les termes de ce codicille sont d'une grande importance pour l'histoire de la comtesse Du Barry; ils établissent d'une manière absolue la réalité du vol dont elle fut la victime; ils expliquent ses quatre voyages à Londres, qu'elle ne fit donc pas simple-

(1) Ce codicille donna lieu, sous la Restauration, à un procès qui eut un certain retentissement Quand fut rendue la loi d'indemnité des émigrés (17 avril 1825), les héritiers Gomard de Vaubernier réclamèrent de la famille de Mortemart, héritière du duc de Brissac, et qui avait reçu une très-grosse part de l'indemnité, le payement du legs fait au nom de Mme Du Barry, et que, par suite des événements, celle-ci n'avait pu toucher. Ils appuyaient leurs prétentions sur la production du faux acte de naissance de la comtesse, annexé à son contrat de mariage. Mais alors se présentèrent à leur tour les héritiers Bécu, un autre acte de naissance en main, — le véritable, — et se déclarant les seuls vrais héritiers à l'exclusion des Gomard,

ment pour porter de l'argent aux émigrés, mais principalement dans le but de retrouver ses bijoux et ses voleurs. Ils diminuent certainement quelque peu l'intérêt qui pouvait s'attacher à sa conduite présumée en cette circonstance, et ils atténuent aussi la noblesse et l'élévation de sentiments que ses apologistes lui avaient prêtés, dans l'ignorance du mobile véritable qui la dirigeait; enfin ils auraient pu sans doute la sauver en montrant au grand jour la vérité sur ses quatre absences, base principale de l'accusation et du procès, si son affaire eût été évoquée devant un tribunal plus impartial et moins irrégulier.

La douleur que ressentit Mme Du Barry en apprenant la mort de son amant se trouve noblement exprimée dans la lettre qu'elle écrivit à cette occasion à Mme de Mortemart :

qui — il était facile de le démontrer — n'étaient légalement rien à Mme Du Barry. Un jugement du tribunal civil de la Seine, en date du 9 janvier 1829, confirmé par arrêt de la Cour royale de Paris, le 22 février 1830, reconnut les Bécu comme seuls héritiers de l'ex-maîtresse royale. Ceux-ci attaquèrent alors la famille de Mortemart pour l'exécution du legs de M. de Brissac. Le procès dura jusqu'à la fin de 1833, époque à laquelle les héritiers Bécu firent un arrangement avec les Mortemart pour le payement de la somme à recevoir, qui fut à peu près entièrement absorbée par les créanciers de la comtesse et par les frais du procès. (Voyez : *Curiosités historiques*, pages 336 et suivantes, et dans la *Gazette des tribunaux*, les numéros des 4 juillet et 5, 11 et 27 août 1833.)

« Personne n'a mieux senti que moi, madame, l'étendue de la perte que vous venez de faire. J'espère que vous ne vous êtes pas méprise sur le motif qui m'a empêchée de vous faire plus tôt mon triste compliment en mêlant mes larmes aux vôtres. La crainte d'augmenter vos tristes douleurs m'empêche de vous en parler; l'iniquité est à son comble! Une destinée qui devait être si glorieuse! Quelle fin, grand Dieu! Le dernier vœu de votre malheureux père, madame, a été que je vous aime en sœur. Ce vœu est trop conforme à mes sentiments pour qu'il ne soit pas rempli.

« Comtesse DU BARRY. »

Puis la crainte la prit enfin elle-même à son tour, car les événements se précipitaient, de plus en plus sinistres : la famille royale commençait alors, au Temple, son long et cruel martyre; on avait massacré en septembre les personnages les plus considérables et les plus respectés; Luciennes était fréquenté par des nouveaux venus de mauvaise mine, qui s'en allaient rôder autour du château de la comtesse; elle avait dû chasser Zamore et quelques autres de ses gens, devenus trop arrogants et qui, enrichis par elle et par l'argent qu'ils lui avaient volé, pouvaient désormais se passer de leurs gages et devaient se joindre à ses ennemis. La pauvre femme, seule, livrée à elle-même, sans amis et sans conseil ni secours d'aucune sorte, entourée de gens haineux et envieux qui en voulaient à ses richesses, eut des accès de folle terreur qui étaient peut-être des pressentiments. Une nuit, aidée d'un vieux domestique nommé Morin, qui devait payer de sa vie son dévouement à sa maitresse, elle cacha à peu près tout ce qui lui restait d'objets précieux dans les endroits les plus secrets de sa maison et de son jardin. Au mois d'octobre elle reçut une nouvelle lettre qui l'engageait à partir aussitôt pour l'Angleterre afin d'activer davantage, par sa présence, la conclusion de son interminable procès. Elle hésita quelques jours; son départ pouvait la faire considérer comme émigrée et amener la confiscation de ses biens. Elle se décida cependant, mais elle écrivit au président de la Convention pour le prévenir du motif de son voyage ; puis elle demanda au ministre des affaires étrangères Lebrun un passe-port, en spécifiant une fois encore les causes de son absence; enfin elle fit à la municipalité de Luciennes une déclaration écrite et signée « de son voyage, qu'elle était obligée de faire, pour qu'elle ne puisse pas être regardée comme émigrée pendant son absence, ni traitée comme telle par aucune autorité constituée. » Le 14 octobre elle partait pour Londres.

Ce dernier voyage dura cinq mois, pendant lesquels la comtesse Du Barry, toujours imprévoyante et irréfléchie, s'imagina qu'en Angleterre, sur cette terre classique de la liberté, elle pouvait à sa guise et sans crainte braver en face la Révolution, qui la faisait espionner, et qui l'attendait! Car le gouvernement nouveau avait des agents secrets dans toutes les cours et dans tous les pays de l'Europe, pour y surveiller les menées de ses ennemis les émigrés, qui, dénoncés aussitôt, étaient saisis et jugés sans désemparer, quand ils s'avisaient maladroitement de reparaître en France. L'imprudente! elle joua avec le bonheur qu'elle éprouvait de se sentir libre! Elle s'afficha publiquement comme aristocrate, — une première fois en assistant en longs vêtements de deuil à un service funèbre célébré, le 25 janvier 1793, dans l'église catholique, à Londres, pour le repos de l'âme de Louis XVI; — une deuxième fois en prenant part à un banquet offert aux émigrés par William Pitt, et où elle applaudit et répéta un toast porté au nouveau roi de la légitimité, Louis XVII, comme un défi à la république naissante! — Quelques jours après Pitt vint la voir en grande solennité, et il lui conseilla sagement de ne pas retourner en France, où il lui prédisait le sort de Régulus. Ses amis lui donnaient le même avis, faisant passer sous ses yeux la liste des illustres victimes que dévoraient chaque jour les échafauds de la Révolution. Mais rester, c'était renoncer à ses biens, c'était livrer Luciennes et ses trésors aux dilapidateurs! Elle préféra l'incertitude de son sort avec la fortune à la certitude de vivre libre, mais sans le luxe auquel elle était habituée.

Pendant son absence, la situation empirait tous les jours en France : la tête de Louis XVI tombait sous la hache du bourreau ; l'esprit révolutionnaire se développait et pénétrait partout ; les clubs et les assemblées politiques envahissaient jusqu'aux plus petites bourgades, et l'on vit alors arriver à Luciennes et y ouvrir un club un nommé Greive, homme de mœurs douteuses et de réputation équivoque, rapace, envieux, brutal et avide, et qui s'intitulait et signait : *Défenseur officieux des braves sans-culottes de Louveciennes*, *ami de Franklin et de Marat*, *factieux et anarchiste du premier ordre*, *et désorganisateur du despotisme dans les deux hémisphères depuis vingt ans*. Ce Greive attira promptement à sa suite une coterie recrutée parmi les citoyens les plus violents et les plus grossiers, et augmentée bien vite aussi d'anciens serviteurs de la Du Barry, qui ne demandaient pas mieux que d'aider à sa perte. Au premier rang était ce Zamore, comblé des bienfaits de sa maîtresse et qui allait se montrer le plus haineux et le plus acharné de ses accusateurs. Aussitôt qu'il a trouvé ces pitoyables complices, Greive les façonne à sa guise, tonne au milieu d'eux contre les folles prodigalités et les richesses superflues de la comtesse, obtient leur assentiment et leurs bravos, et enfin, de concert avec eux, le 14 février 1793, il dénonce au district de Versailles Mme Du Barry, comme émigrée de fait, par la prolongation trop compréhensible de son séjour en Angleterre, et il demande que les scellés soient apposés immédiatement sur sa maison de Louveciennes. Le 16 du même mois, le district de Versailles accorde l'autorisation demandée, et les scellés sont mis aussitôt, à la diligence impatiente de Greive, qui espère empêcher, par cet acte d'intimidation, le retour de Mme Du Barry en France, et par suite obtenir pour lui et les siens le pillage de son château et de ses trésors, en se promettant bien la part du lion dans ce splendide butin.

Mais, à cette nouvelle, Mme Du Barry repart en toute hâte pour Louveciennes, où elle arrive le 19 mars 1793. Elle est obligée, pour faire lever les scellés qui l'empêchent de rentrer chez elle, d'avoir recours à cette municipalité de son pays, composée en partie de gens qui lui sont absolument hostiles :

« CITOYENS ADMINISTRATEURS,

« La citoyenne de Vaubernier Du Barry est très-étonnée qu'après toutes les promesses qu'elle vous a fournies des raisons qui l'ont forcée d'aller en Angleterre, vous l'ayez traitée comme émigrée. Avant son départ, elle vous a communiqué la déclaration qu'elle avait faite à sa municipalité ; vous l'avez enregistrée dans vos bureaux ; vous savez que c'est le quatrième voyage qu'elle était obligée de faire, toujours pour le même motif. Elle espère que vous voudrez bien faire lever les scellés qui ont été apposés chez elle contre toute justice, puisque la loi n'a jamais défendu de sortir du royaume à ceux que des affaires particulières et pressantes appellent en pays étranger. Toute la France est instruite du vol qui lui a été fait la nuit du 10 au 11 janvier 1791 ; que ses voleurs ont été arrêtés à Londres, qu'elle y a eu une procédure suivie, dont le dernier jugement n'a été rendu que le 28 février dernier, ainsi que l'atteste le certificat ci-joint (1). »

Louveciennes, ce 27 mars 1793.

Greive fut quelque peu décontenancé par l'arrivée imprévue de la comtesse ; mais il reprit complétement son audace et son assurance habituelles, et le 26 juin suivant il se présentait de nouveau à Versailles, devant les administrateurs du département, pour demander, au nom « de trente-six des meilleurs citoyens de Luciennes, » la mise à exécution contre Mme Du Barry du décret de la Convention, en date du 2 juin 1793, ordonnant « de faire saisir et mettre en état d'arrestation toutes les personnes notoirement suspectées d'aristocratie ou d'incivisme. » On l'écoute vaguement

(1) *Mémoires de la Société des sciences morales de Seine-et-Oise*, 5e volume, année 1859.

cette fois, et on se borne à lui délivrer, sur sa demande, une copie du décret précité. Greive repart aussitôt pour Luciennes, et, armé de la pièce en question, il prétend faire arrêter la Du Barry, qu'il eût certainement fait jeter en prison, sans l'intervention du citoyen Boileau, membre du district, moins zélé, moins convaincu « des crimes » de la prévenue, et surtout moins intéressé à son arrestation. Greive entre alors dans une fureur épouvantable; il ne peut plus se contenir; il rédige aussitôt une nouvelle pétition, qu'il fait signer par un grand nombre de citoyens dévoués ou intimidés, et que cette fois il adresse directement à la Convention elle-même. Il se transporte de sa personne à la barre de l'Assemblée, entouré du maire et des municipaux de Luciennes, et il y donne lecture de son factum, dont voici les principaux passages:

« Les décrets sages, bienfaisants et populaires rendus par la Convention avaient renouvelé le feu sacré prêt à s'éteindre sous les glaces du modérantisme. Les sans-culottes de Luciennes venaient de commencer leurs opérations par l'arrestation d'une femme qui avait su, malgré ses relations notoirement inciviques, par ses richesses et les caresses qu'elle avait apprises à la cour d'un tyran faible et crapuleux, échapper à la déclaration des droits de l'homme...; d'une femme qui insultait par son luxe aux souffrances des malheureuses dont les époux, les frères, les pères et les enfants versaient leur sang pour l'égalité dans nos armées, pour détruire les vestiges d'une fausse grandeur qui fascinait les yeux des bons et simples habitants des campagnes, et mettre en pratique les principes méconnus de l'égalité. »

Le président Thuriot lui répondit que « si les faits dénoncés étaient prouvés, la tête de cette femme trop longtemps célèbre pour le malheur de la France tomberait sur l'échafaud. » Il invita ensuite Greive et ses compagnons aux honneurs de la séance.

Toutes ces menées, ces plaintes réitérées, ces pétitions injurieuses et mensongères, allaient aboutir au fatal résultat que Greive et ses acolytes poursuivaient avec un aussi misérable et hostile acharnement. Cependant, la malheureuse femme ne devait pas tomber sans se défendre ; elle écrivit, de son côté, lettres sur lettres à la Convention et au directoire du département, pour expliquer une fois de plus sa conduite ; elle fit rédiger et signer par la partie saine et raisonnable des habitants de Luciennes plusieurs pétitions qui appuyaient ses dires ; enfin elle s'adressa partout où elle put et où elle crut trouver des protecteurs. Le directoire de Versailles eut un moment pitié d'elle et lui envoya un de ses membres, nommé Lavallery, chargé d'écouter ses plaintes et de lui donner des conseils. Bien que la Du Barry eût alors cinquante ans, qu'elle fût excessivement engraissée, et qu'elle ne rappelât que bien vaguement la courtisane qui avait si longtemps séduit et charmé un puissant roi et sa cour, il paraît que ce Lavallery avait le cœur tendre, et qu'il fut plus que touché en présence des malheurs et des souffrances dont il fut le témoin. Après quelques démarches faites en sa faveur, il écrivit à la comtesse une ou deux lettres de consolation et d'encouragement, sur un ton de demi-galanterie où perce un sentiment d'intérêt inattendu dans un cœur républicain :

« Soyez convaincue que s'il est des occasions où je désire donner du prix à mon travail, vous avez droit à les faire naître. Votre sexe vous donne le droit de désirer la tranquillité, et votre amabilité vous la mérite...

« Agréez l'assurance de mon respect et de tout l'intérêt que vous avez droit d'inspirer.

« LAVALLERY. »

Versailles, 17 mai (an II de la République).

Il aurait voulu qu'elle quittât Luciennes pour venir s'établir à Versailles, sous les yeux mêmes du directoire, qui l'eût plus efficacement défendue. Elle se refusa à cette combinaison, qui l'eût peut-être également sauvée ; mais elle ne pouvait se résoudre à abandonner Luciennes et ses trésors « à la vorace rapacité des brigands qui avaient établi leur repaire autour de sa demeure. » De son côté, Greive, d'accord avec Zamore, qui lui a fourni sur son ex-maîtresse les renseignements les plus complets et les plus compromettants, continue à harceler la Convention et le directoire de Versailles de ses pétitions et de ses récriminations. Comme on ne l'écoute guère, il trouve bon d'intéresser le public tout entier à la rage qui l'anime, et de le mettre de moitié dans ses injures contre l'ex-maîtresse « du tyran, » en lui faisant lire le récit imprimé de ses crimes. Il rédige et publie à un grand nombre d'exemplaires un pamphlet virulent (1) où sont retracés et déplorés, dans les termes les plus exagérés et les plus bizarres, les malheurs de la France, causés par les dilapidations de la courtisane « que les sans-culottes de Luciennes ne poursuivent que dans le but du salut de la patrie, et loin de toute personnalité, et sans en vouloir en particulier à l'ancienne distributrice des grâces et faveurs de la cour ; ils l'ont regardée du même œil que sa femme de chambre, avec la différence près de ses cinquante mille écus de rente... »

(1) *L'Égalité controuvée, ou Histoire de la protection*, contenant les pièces relatives à l'arrestation de Mme Du Barry, pour servir d'exemples aux patriotes trop ardents qui veulent sauver la République et aux modérés qui s'entendent à merveille pour la perdre. Paris, chez Galetti. Brochure très-rare, citée par MM. de Goncourt.

Ce hideux Greive fit tant et si bien que le comité de sûreté générale lui octroya enfin l'ordre définitif d'arrêter Mme Du Barry. Dans la joie de son triomphe, il voulut exécuter lui-même cet ordre, pour l'obtention duquel il s'était tant démené! Le 22 septembre 1793, un dimanche, escorté du maire de Luciennes et de deux gendarmes, il se rendit au château et procéda régulièrement à l'arrestation de la maîtresse du lieu et à l'apposition des scellés sur sa maison tout entière. Il fit ensuite monter la comtesse dans un fiacre qu'il avait pris la précaution d'amener; il s'assit auprès d'elle, sans doute pour être plus sûr que cette fois sa proie ne lui échapperait point, et il la conduisit à Paris, à la prison de Sainte-Pélagie, d'où la malheureuse ne devait plus sortir que pour aller au tribunal révolutionnaire, et de là à la mort!

HUITIÈME PARTIE

Le procès de la comtesse Du Barry ne fut pas long; moins de deux mois après son arrestation, le 19 novembre 1793, le comité de sûreté générale, après examen des papiers saisis chez elle et livrés par Greive, et sur le rapport de Héron, l'un de ses membres, rendait l'arrêté suivant :

CONVENTION NATIONALE

COMITÉ DE SURETÉ GÉNÉRALE

An II de la République une et indivisible

(29 brumaire .

Le comité de sûreté générale ayant pris connaissance des diverses pièces trouvées chez la nommée Du Barry, mise en état d'arrestation par mesure de sûreté générale, comme personne suspecte, aux termes du décret du 17 septembre dernier (vieux style), considérant qu'il résulte de l'ensemble desdites pièces que la femme Du Barry est prévenue d'émigration et d'avoir, pendant le séjour qu'elle a fait à Londres, fourni aux émigrés des secours pécuniaires et entretenu avec eux des correspondances suspectes; et que les nommés Wandenyver père et fils, négociants, sont prévenus d'avoir fait passer des fonds à la femme Du Barry pendant qu'elle était en Angleterre; arrête : que la femme Du Barry, prévenue d'émigration, et que les nommés Wandenyver, prévenus d'avoir fait passer à ladite dame des fonds pendant son séjour à Londres, seront traduits au tribunal révolutionnaire pour être poursuivis et jugés à la diligence de l'accusateur public.

Les représentants du peuple, membres du comité de sûreté générale de la Convention nationale,

VOULAND, DAVID, VADIER, DUBARRAN,
JAGOT, PANIS, LAVICOMTERIE.

Toujours à Sainte-Pélagie, manquant de tout, obligée d'emprunter de l'argent à ses geôliers eux-mêmes, Mme Du Barry espérait cependant encore; elle pouvait craindre, pensait-elle, la confiscation de ses biens, mais elle ne voulait pas redouter la mort. La notification de la pièce que nous venons de citer fut pour elle un coup de foudre; elle crut cependant pouvoir attendrir ses juges; elle écrivit naïvement à ce Fouquier-Tinville, accusateur public, la lettre suivante, comptant beaucoup sur l'effet qu'elle croyait produire encore, et sur les sentiments « de justice et d'équité » qu'elle s'imaginait trouver dans l'âme de ses juges, et jusque « dans le cœur » d'un pareil homme !...

CITOYEN ACCUSATEUR PUBLIC,

J'espère que tu voudras bien, dans l'examen impartial que tu feras de l'affaire malheureuse que Greive et consorts m'ont suscitée au tribunal, ne voir en moi que la victime d'une intrigue pour me perdre.

Je n'ai jamais émigré, je n'en ai jamais même eu l'intention. Je n'ai jamais fourni d'argent aux émigrés, je n'ai jamais entretenu de correspondances criminelles avec eux, et si les circonstances m'ont engagée à voir soit à Londres, soit en France, ou des personnes de la cour ou des personnes qui ne marchaient pas dans le sens de la Révolution, j'espère bien, citoyen accusateur public, que tu sauras, dans la justice et l'équité de ton cœur, apprécier et les circonstances où je me suis toujours trouvée et les liaisons connues et forcées avec le citoyen Brissac, dont la correspondance est sous vos yeux.

Je compte sur ta justice, tu peux compter sur la reconnaissance éternelle de la citoyenne.

VAUBERNIER DU BARRY.

Deux jours après, un arrêté spécial du comité fut également rendu contre MM. Vandenyver, décidant

« qu'ils seraient traduits au tribunal révolutionnaire pour y être jugés pour avoir été les instruments d'un complot de banqueroute générale qui aurait perpétué l'esclavage des Français et sauvé la tête du tyran, et entretenu les abus de la féodalité qui servaient au déshonneur de la nation française... » L'argent fourni par eux à Mme Du Barry, pendant ses voyages à Londres, était le prétexte de l'accusation ; en réalité, le Comité n'était pas fâché d'avoir à frapper ces riches banquiers, qui faisaient alors les affaires des familles les plus considérables de la France et même de l'Europe, et entretenaient ainsi avec l'étranger de nombreuses correspondances, qui avaient déjà mainte fois éveillé l'attention et les soupçons du nouveau gouvernement.

Mme Du Barry eut d'abord à subir un interrogatoire secret qui dura plusieurs heures, et qui devait servir de prélude à son procès public. C'est le 2 frimaire que le vice-président Dumas la fit comparaître devant lui :

D. Lui a demandé ses nom, prénoms, et âge.

R. A déclaré se nommer Jeanne Vaubernier Du Barry, être âgée de quarante-deux ans (1), née à Vaucouleurs, demeurant à Luciennes.

(1) Née le 19 août 1743, elle avait cinquante ans sonnés. Avait-

D. A quelle époque elle a commencé à être attachée à la cour ?

R. En 1769, et y a demeuré jusqu'en 1774.

D. Comment et sur quel ordre les sommes qu'elle a dépensées dans ces intervalles lui étaient payées ?

R. Sur des ordres particuliers que Louis XV donnait pour chaque payement ; que Beaujon est le seul qui lui ait fait des payements, et instamment ajoute que Beaujon avait reçu par Bertin, ministre, l'ordre d'acquitter les dépenses, à vue des bons de la répondante, et que tous les mois il lui fournissait un état des payements ; qu'elle a aussi touché quelques sommes sur ses bons particuliers.

D. Si elle n'a pas usé de sa position pour solliciter et faire accorder à ses protégés les emplois les plus importants de l'État ?

R. Qu'elle a influencé et déterminé quelquefois le roi dans les choix qu'il a faits.

D. Si elle n'a pas sollicité et obtenu pour certains de ses protégés des pensions et gratifications ?

R. Quelquefois, et ne s'en rappelant pas assez pour en donner des détails.

D. Si depuis 1774 elle a eu des rapports avec la cour de Louis XVI ?

R. Qu'elle n'a eu aucun rapport immédiat ; qu'à cette époque, devant une somme de deux millions sept cent mille livres, elle en avait formé la demande au roi, demande qui resta sans réponse ; ce qui la détermina à demander que des contrats à elle appartenant fussent, à concurrence d'un million, échangés contre des espèces, ce qui lui fut accordé ; qu'avec ce million et le produit de bijoux,

elle l'espoir, en se rajeunissant ainsi de huit ans, d'attendrir et d'influencer ses juges ?

vaisselle et tableaux par elle vendus au roi, elle a acquitté une partie de ses dettes, dont il reste encore environ deux cent cinquante mille livres à payer.

D. Puisqu'elle n'a pu acquitter ses dettes en épuisant ses ressources, quelles ont été les ressources par lesquelles elle a suffi aux dépenses considérables qu'elle a faites dès lors ?

R. Que ses dépenses n'ont pas été considérables; qu'il lui est resté quatre-vingt-dix mille livres de rentes viagères placées sur l'hôtel de ville de Paris; que les capitaux de ces rentes et que celles énoncées dans ses réponses précédentes provenaient des largesses de Louis XV.

D. Quelle était, à l'époque de 1774, la valeur de son mobilier en bijoux, diamants, tableaux et meubles ?

R. Qu'elle n'en sait rien; qu'elle a évalué dans le temps à quinze cent mille livres les diamants qui lui ont été volés, ce qui ne faisait que partie de ceux qu'elle avait possédés.

D. Si, depuis la Révolution, elle n'a pas conservé des rapports avec les personnes qui étaient attachées à la ci-devant cour ?

R. Qu'elle a vu chez elle quelques-unes des personnes qui étaient attachées à cette cour, notamment Brissac, Beauvau et autres.

D. Si elle n'a pas reçu chez elle des émigrés rentrés ?

R. Que non.

D. Si elle n'a pas eu des correspondances avec Calonne, sa femme, ou d'autres femmes à gages ?

R. Que non ; qu'elle croit avoir reçu de la femme Calonne une seule lettre, à laquelle elle n'a pas répondu.

D. Si elle n'a pas fait plusieurs voyages en Angleterre ; quelles ont été les causes et les époques de ses retours en France ?

R. Qu'elle a fait quatre voyages en Angleterre pour y

suivre des procès relatifs au vol de diamants qui lui avait été fait.

D. Si elle n'a pas eu connaissance des lois rendues contre les émigrés ; pourquoi elle ne s'y est pas conformée ?

R. Qu'elle en a eu connaissance par les papiers publics et par une lettre de son banquier ; qu'elle a cru qu'étant partie avec des passe-ports, pour des affaires, ces lois ne lui étaient pas applicables.

D. Si elle a fréquenté à Londres les émigrés français, et quels sont ceux qu'elle y a vus particulièrement ?

R. Qu'elle a vu quelquefois Crussol et sa femme, de Poix, d'Aiguillon, Calonne et sa femme, et Frondeville, qui était ci-devant président au parlement de Rouen.

D. Si elle n'a pas remis différentes sommes à des émigrés français ?

R. Qu'elle a remis à Frondeville vingt-deux guinées pour jouer pour elle, et qu'il les lui a rendues dans les vingt-quatre heures.

D. Qui lui a fourni de l'argent pour ses différents voyages à Londres ?

R. Que c'est Vandenyver, son banquier.

D. Quelles sont les sommes qu'il lui a remises ?

R. Une lettre de crédit de six mille livres sterling lors de son premier voyage, et plus tard une lettre de change de cinquante mille livres sterling ; ajoute que la première lettre était pour les trois premiers voyages, et la seconde pour le dernier ; que Vandenyver avait en main des sommes à elle équivalentes aux avances qu'il faisait.

D. Si elle n'a pas eu le dessein, étant à Londres, de placer une somme de deux cent mille livres ?

R. Qu'au mois de janvier dernier, étant à Londres, elle

a placé deux cent mille livres à la disposition de Rohan-Chabot, moyennant des hypothèques.

D. Pourquoi elle a entretenu des correspondances avec les ennemis de la Révolution ?

R. Qu'elle n'en a point entretenu avec de telles personnes.

D. A elle observé qu'il existe d'elle des correspondances avec des émigrés qui sont les ennemis déclarés du peuple français et avec les conspirateurs à l'intérieur ?

R. Qu'elle a reçu quelques lettres et qu'elle n'en a écrit aucune aux émigrés.

D. Si elle n'a pas été chargée de faire parvenir à des personnes qu'elle connaissait des lettres sans adresses ?

R. Qu'elle a été chargée par d'Angervilliers, lors de son second voyage à Londres, de remettre à la femme de Calonne une lettre qu'elle a oubliée et qui est restée dans ses papiers.

D. A elle observé que le prétendu procès qu'elle a dit avoir déterminé ses voyages en Angleterre n'en était que le prétexte ; qu'il paraît qu'elle a été chargée d'intelligences avec les ennemis de la République, et qu'elle y a coopéré dans ses voyages ; que ces intelligences, manifestées dans toutes ses correspondances, le sont particulièrement dans une lettre du 3 avril 1791, qu'elle a dit lui avoir été écrite par Brissac.

R. Qu'elle n'a eu aucune intelligence de cette nature.

D. Interpellée de déclarer avec vérité si ses voyages à Londres n'avaient pas pour objet une mission secrète et des intelligences avec les ennemis ou la cour de Londres ; si, notamment dans son dernier voyage, elle n'a pas su que son séjour à Londres avait le caractère de l'émigration ; si elle n'a pas entretenu des correspondances avec les ennemis de la liberté; si enfin elle ne leur a pas prêté des secours d'argent et autres?

R. Que non, sur le tout.

D. Si elle a un défenseur ?

R. Qu'elle a fait choix des citoyens de Lainville et Lafeutrie.

Après cet interrogatoire préliminaire, Mme Du Barry était transférée de Sainte-Pélagie à la Conciergerie, où elle était enfermée dans la chambre même que deux mois auparavant avait occupée Marie-Antoinette, « comme s'il eût été dans ses destins d'usurper jusque dans l'agonie la place et le lit d'une reine ! (1) »

Enfin le 16 frimaire an II (6 décembre 1793), à neuf heures du matin, la maîtresse de Louis XV com-

(1) C'est à l'extrémité de la grande galerie qui fait suite au greffe du palais de justice, et au bout d'un étroit couloir, que l'on rencontre à gauche la porte d'entrée de la cellule où la reine Marie-Antoinette passa les derniers jours de sa vie. Cette porte et l'énorme verrou qui la ferme sont les mêmes qui existaient lorsque la reine et Madame Élisabeth étaient prisonnières à la Conciergerie.

La cellule de Marie-Antoinette peut avoir une superficie de huit mètres carrés environ. Elle est éclairée par une fenêtre étroite donnant sur un préau. Sur l'espace occupé par la couchette de la reine est élevé un autel. Sur la table de l'autel est un christ en ivoire. Ce christ était attaché au chevet de Marie-Antoinette. La voûte en arête de la cellule est peinte couleur d'azur. Le pavé est de briques. Sur la muraille de gauche est un tableau à l'huile représentant *les Adieux de la reine à sa famille dans la prison du Temple*, signé

parut devant le tribunal révolutionnaire. Il était ainsi composé :

Président : Le vice-président Dumas ;

Juges : Les citoyens Denisot, David et Bravet ;

Accusateur public : Fouquier-Tinville ;

Greffier : Robert Wolf ;

Jurés : Les citoyens Trinchard, Prieur, Billion, Mercier, Klispis, Meyer, Martin, Topino-Lebrun, Lohier, Sambat, Vilatte, Payan.

Mme Du Barry fut introduite en même temps que ses deux défenseurs, et les trois coaccusés, Baptiste, Jean et Augustin Vandenyver. Elle était entièrement

Cajou ; sur le mur de droite, *la Reine recevant la communion dans sa cellule,* signé Drolling. C'est là tout ce qui rappelle cet épisode douloureux. L'ameublement de sa cellule se bornait d'ailleurs à un lit de sangle et à un fauteuil grossier. Une inscription latine, composée par Louis XVIII, gravée sur une plaque de marbre noir, au-dessus de l'autel, consacre le souvenir de la détention de Marie-Antoinette, dont la durée fut de soixante-seize jours. L'inscription porte la date de 1816.

On pénètre de la cellule de la reine dans celle de Madame Élisabeth par une ouverture pratiquée depuis dans le mur qui les séparait. Cette cellule sert aujourd'hui de sacristie à la Conciergerie. On y voit un tableau à l'huile représentant *la Reine dans sa prison, en prière devant son crucifix.*

La chapelle des détenus, voisine de cette cellule, est l'ancienne salle des Girondins. (*Union*, janvier 1867.)

vêtue de noir et mise avec goût, mais sans aucune recherche.

Après les questions d'usage, le greffier donna lecture de l'acte d'accusation, curieux morceau de l'éloquence furieuse des assassins de la Terreur, et qui mérite d'être conservé comme un monument de leurs extravagances !

En voici les principaux passages :

Antoine-Quentin Fouquier expose... que les plaies mortelles et profondes qui avaient mis la France à deux doigts de sa perte avaient été faites à son corps politique bien des années avant la glorieuse et impérissable révolution qui doit nous faire réjouir des maux cuisants qui l'ont précédée, puisqu'elle nous a délivrés pour jamais des monstres barbares et fanatiques qui nous tenaient enchaînés sur l'héritage de nos pères ; que pour prendre une juste idée de l'immoralité de l'accusée Du Barry, il faut jeter un coup d'œil sur les dernières années pendant lesquelles le tyran français Louis, quinzième du nom, a scandalisé l'univers en donnant la surintendance de ses débauches à cette célèbre courtisane ; qu'en 1769, ce Sardanapale moderne, se trouvant blasé sur toutes les jouissances qu'il avait poussées à l'excès dans le Parc-aux-Cerfs (1), sérail infâme où fut consommé le déshonneur

(1) Selon M. Capefigue, qui a une façon toute spéciale d'écrire l'histoire, le Parc aux Cerfs « *n'a jamais existé !* » Voyez sa *Mme de Pompadour*. M. Le Roi prouve, au contraire, dans ses *Curiosités historiques*, son irréfutable existence.

d'une foule de familles honnêtes, s'abandonna lâchement aux vils complaisants qui l'entouraient pour éveiller ses feux mal éteints ; qu'un de ses odieux complaisants, ayant fait la connaissance d'un ci-devant comte Du Barry, noyé de dettes et le plus crapuleux libertin, eut occasion de voir chez lui la nommée Vaubernier, sa maîtresse, qui n'était passée dans ses bras qu'après avoir fait un cours de prostitution ; que le ci-devant comte Du Barry proposa à ce complaisant de lui céder la Vaubernier, s'il parvenait à la faire admettre au nombre des sultanes du crime couronné ; que cette créature déhontée lui fut en effet présentée ; qu'en peu de temps elle parvint, par ses rares talents, à prendre l'empire le plus absolu sur le faible et débile despote. Bientôt des fleuves d'or roulèrent à ses pieds, les pierreries les plus précieuses lui furent données avec profusion, les artistes les plus célèbres furent occupés aux chefs-d'œuvre les plus dispendieux ; les ministres, les généraux, et les ci-devant princes de l'Église furent nommés ou culbutés par cette nouvelle Aspasie, et tous venaient bassement faire fumer l'encens à ses genoux ; le faste le plus insolent et les débordements de tous genres furent affichés par elle. Le scandale était à son comble ; elle puisait à pleines mains dans les coffres de la nation pour enrichir sa famille et combler l'abîme de dettes du ci-devant comte Du Barry, qui avait poussé l'infamie et le déshonneur jusqu'à devenir son époux. Son imbécile amant ne rougit pas lui-même d'insulter au peuple en se plaçant à côté d'elle dans les chars les plus brillants et la promenant ainsi dans différents lieux ; que, pour ne pas effaroucher la pudeur, l'accusateur public ne soulèvera pas le voile qui doit couvrir à jamais les vices effroyables de la cour jusqu'en 1774, époque à laquelle celui à qui des esclaves avaient donné le nom de *Bien-Aimé* disparut de dessus la terre, emportant dans ses veines le poison infect du libertinage et couvert du mépris des Français; que la Du Barry fut reléguée à Rethel-Mazarin, et de là à Meaux, dans la ci-devant abbaye du Pont-aux-Dames; que, dans cette retraite salutaire, elle aurait dû faire les plus sérieuses réflexions sur le néant des grandeurs et sur les désordres de sa conduite, qui avaient entraîné la ruine de son pays; mais qu'ayant été rendue à la liberté par le dernier tyran des Français, il lui conserva non-seulement les dépouilles du peuple, mais encore la combla de nouvelles prodigalités et lui conserva le château de Luciennes, où elle forma bientôt une nouvelle cour à laquelle se présentèrent en foule les vils courtisans qui avaient profité de sa faveur pour dilapider les finances avec elle; qu'elle les tint tous enchaînés à son char jusqu'à l'époque mémorable où le peuple français, fatigué de ses chaînes, se leva, brisa ses fers et en frappa la tête des despotes. Tous les soi-disant grands d'alors, se voyant prêts à être écrasés par la vengeance nationale, s'enfuirent épouvantés, abandonnèrent un sol qu'ils avaient souillé depuis longtemps, furent implorer l'assistance des tyrans de l'Europe pour venir égorger un peuple qui avait eu le courage de reconquérir sa liberté; mais ce peuple saura leur faire mordre la poussière, ainsi qu'à ceux qui ont épousé leurs projets sanguinaires, etc. (1).

Après cette lecture, on entend les témoins :

1° *Georges Greive*, âgé de quarante-cinq ans, né à Newcastle, homme de lettres, accusant la comtesse d'accaparement et « d'avoir inventé le vol de ses bijoux » ;

2° *Xavier Audouin*, racontant l'arrestation et le meurtre de Maussabré;

(1) *Archives de l'Empire.*

3° *Blache*, commissaire du comité de sûreté générale, avait vu la Du Barry à Londres « portant le deuil de Capet » et assistant à des services célébrés pour lui ;

4° *Bernard d'Escourt*, qui avait servi d'intermédiaire entre la comtesse et ses banquiers (1) ;

5° Les *Vandenyver*, interrogés à la fois comme témoins et comme accusés : « Le gouvernement, disent-ils avec raison, ayant accordé un passe-port à Mme Du Barry, nous avons dû nous croire en droit de ne la point regarder comme émigrée, et de lui fournir les fonds qu'elle demandait. »

Puis venaient les domestiques chassés par la Du Barry, et plus que tous les autres témoins animés et excités contre elle :

1° *Salenave*, détaillant la liste des aristocrates qui fréquentaient Luciennes ;

2° *Fournier*, déclarant avoir reconnu parmi les objets trouvés au château plusieurs de ceux annoncés comme volés en 1791 ;

3° *Jean Thénot*, devenu instituteur à Luciennes : « A la mort de Foulon et de Berthier, j'ai entendu l'accusée déclarer que le peuple était un tas de misérables et de scélérats ! »

4° *Henriette Picard*, femme de chambre, entendue sur les faits passés pendant le voyage à Londres ;

5° *Marie Potet*, tapissière, entre dans des détails intimes sur la vie de la comtesse à Luciennes ;

6° *Louis Zamore*, « âgé de trente et un ans, né au Bengale, employé au Comité de salut public, à Versailles. »

(1) Il fut pour ce fait, et séance tenante, décrété d'arrestation, puis condamné à mort et exécuté quelques jours après.

Zamore : Le vol ne m'a pas paru naturel ; j'avais conseillé à l'accusée de donner une partie de ses biens à la nation ; loin de là, elle a continué à recevoir des aristocrates et m'a chassé parce que je fréquentais de bons patriotes, amis de Marat et de Franklin.

La comtesse : C'est faux ! Je n'avais pas à recevoir d'avis du témoin, mais je l'ai chassé pour ce qu'il dit quant au reste.

Zamore insista, continua à accabler son ancienne maîtresse qui ne lui répondit plus, se bornant à le regarder de l'air le plus hautain et le plus méprisant (1).

Après cet interrogatoire, rapidement fait, le défenseur Lafeutrie prononce quelques paroles peu intelligibles, sans grande conviction, et à la façon d'un homme qui sent très-bien qu'une défense trop énergique peut lui coûter cher sans sauver sa cliente, condamnée à l'avance. Fouquier reprend ensuite la parole et résume l'accusation en ces termes :

CITOYENS JURÉS,

Vous voyez devant vous cette Laïs célèbre par la dissolution de ses mœurs, la publicité et l'éclat de sa débauche,

(1) Un jeune et sympathique écrivain, M. Jules Claretie, rendant compte de *la Reine Cotillon*, drame soi-disant historique de MM. Féval et A. Bourgeois, représenté au théâtre de la Porte-Saint-Martin, écrivait dans *l'Illustration*, le 15 décembre 1866 : « Zamore survécut au drame révolutionnaire. On l'a vu, dans les premières

à qui le libertinage seul a fait partager les destinées du despote qui a sacrifié les trésors et le sang des peuples à ses honteux plaisirs; mais le scandale et l'opprobre de son élévation, la turpitude et la honte de son infâme prostitution, ne sont pas ce qui doit fixer votre attention; vous aurez à décider si cette Messaline, née parmi le peuple, enrichie ou couverte des dépouilles du peuple qui payait l'opprobre de ses mœurs, descendue par la mort du tyran du rang où le crime seul l'avait placée, a conspiré contre la liberté et la souveraineté du peuple; si, après avoir été la complice et l'instrument du libertinage des rois, elle est devenue l'agente des conspirations des tyrans, des nobles et des prêtres contre la République française. Les débats, citoyens jurés, ont déjà jeté sur cette conspiration le plus grand jour; vous avez dû saisir ces traits de lumière que les dépositions des témoins et les pièces ont fournis sur ce vaste complot, sur cette conjuration excécrable dont les annales des peuples ne fournissent pas d'exemples, et certes jamais affaire plus importante ne s'est présentée à votre décision, puisqu'elle vous offre en quelque sorte le nœud principal des trames de Pitt et de tous ses complices contre la France. Il convient donc de vous remettre sous les yeux les détails de cette conspiration et de la part qu'y ont prise la courtisane des despotes et ses complices.

(*L'accusateur public retrace ici avec commentaires le détail des faits qui viennent d'être dénoncés au tribunal.*)

Tel est, citoyens jurés, le résultat des débats qui ont eu lieu : c'est à vous à les peser dans votre sagesse.

années du règne de Louis-Philippe, promener au Palais-Royal sa tête ridée et sa tignasse devenue toute blanche. Quelqu'un qui l'a connu me disait que le nègre a laissé des *Mémoires*. Mais où sont-ils ? »

L'infâme conspiratrice qui est devant vous pouvait, au sein de sa honteuse opulence, vivre heureuse dans sa patrie, qui paraissait avoir enseveli, avec le tyran dont elle avait été la digne compagne, le souvenir de sa prostitution et du scandale de son élévation; mais la liberté du peuple a été un crime à ses yeux; il fallait qu'il fût esclave, qu'il rampât sous des maîtres, et que le plus pur de la substance du peuple fût consacré à payer ses plaisirs. Cet exemple, ajouté à tant d'autres, prouve de plus en plus que le libertinage et les mauvaises mœurs sont les plus grands ennemis de la liberté et du bonheur des peuples. En frappant du glaive de la loi une Messaline coupable d'une conspiration contre sa patrie, non-seulement vous vengerez la République de ses attentats, mais vous arracherez un scandale public et vous affermirez l'empire des mœurs, qui est la première base de la liberté des peuples.

Après que Fouquier eut conclu à la peine de mort, le président Dumas prononça son résumé, et les questions furent posées au jury en ces termes :

« 1° Est-il constant qu'il a été pratiqué des machinations et entretenu des intelligences avec les ennemis de l'État et leurs agents, pour les engager à commettre des hostilités, leur indiquer et favoriser les moyens de les entreprendre et diriger contre la France, notamment en faisant à l'étranger, sous des prétextes préparés, divers voyages pour concerter ces plans hostiles avec les ennemis et en leur fournissant, à eux ou à leurs agents, des secours en argent?

« 2° Jeanne Vaubernier, femme Du Barry, demeurant à Luciennes, ci-devant courtisane, a-t-elle été auteur ou complice de ces machinations et intelligences ? »

Il était onze heures du soir lorsque le jury rentra dans la salle d'audience, rapportant un verdict affirmatif sur toutes les questions (1).

En conséquence, le tribunal condamna à la peine de mort, pour crime de trahison contre l'État, et de machinations avec ses ennemis et leurs agents :

1° Jean-Baptiste, Edme-Jean-Baptiste et Antoine-Augustin Vandenyver, tous trois banquiers à Paris ;

2° Jeanne Vaubernier, femme Du Barry ;

Déclarant en outre leurs biens acquis au profit de la République (2), et ordonnant que l'exécution du présent jugement aurait lieu dans les vingt-quatre heures, sur la place de la Révolution.

(1) *Le Tribunal révolutionnaire* de E. Campardon, t. Ier.

(2) Après la mort de la Du Barry, on fit chez elle une perquisition minutieuse qui amena la découverte de tous ses bijoux cachés, et fut suivie d'une vente générale de tous ses biens. On conserva cependant pour les musées, où ils se trouvent encore aujourd'hui au nombre de cinquante-cinq, les objets d'art les plus dignes d'être gardés. L'appréciation complète des objets dont il fut tiré partie monta au chiffre de 1,246,956 livres, qui se détaillent comme suit : 1° bijoux, diamants, cristaux : 400,000 livres ; 2 matières d'or,

En entendant prononcer sa condamnation, Mme Du Barry poussa des cris de terreur qui attendrirent presque cette foule haineuse et pleine de rage qui avait suivi avec tant de joie les péripéties de son rapide procès. Puis, au milieu de véritables hurlements, elle tomba tout à coup évanouie, et on fut obligée de la ramener presque mourante à la Conciergerie, où elle passa une nuit terrible, — effroyable et longue agonie, — dans les gémissements et le désespoir.

Le lendemain, 17 frimaire (7 décembre), à dix heures du matin, le bourreau et ses aides vinrent à la Conciergerie chercher la condamnée et procéder à la toilette funèbre qui devait inaugurer son supplice. Elle était alors enfermée avec le juge Denizot, le substitut

d'argent et de vermeil : 129,405 livres ; 3° galons d'or et d'argent : 6,300 livres ; 4° cuivre, fer, étain, etc. : 4,000 livres ; 5° divers objets mobiliers : 707,251 livres. — Après cette estimation et cette vente, les créanciers de la succession se présentèrent en foule ; leurs mémoires s'élevaient à la somme de 956,124 livres. Le gouvernement d'alors les fit vérifier et contrôler, mais ne les paya point, et c'est seulement à l'issue du procès survenu plus tard entre les héritiers que ces mémoires furent à peu près soldés. Quant au château de Louveciennes, il fut acheté, moyennant six millions de francs, en assignats, par le sieur Delapalme, ancien perruquier, de Vaux de Cernay. (Résumé des opérations des commissaires nommés pour l'inventaire de Luciennes. *Archives de Seine-et-Oise.*)

de l'accusateur, Royer, et le commis-greffier Tavernier, qui enregistraient des révélations qu'elle avait cru devoir faire, dans l'espérance de sauver sa vie ou au moins de gagner du temps. Le procès-verbal de cette déclaration *in extremis* nous a été conservé ; c'est le pendant de cette curieuse affiche où figurait la nombreuse nomenclature de bijoux et d'objets précieux de diverses valeurs qui lui avaient été volés en 1791. La pauvre femme, au seuil de la mort, se rappelle, avec une mémoire bien lucide en un pareil moment, les trésors qu'elle a cachés dans sa demeure, et les endroits précis où elle a cru les mettre à l'abri des recherches ; mais il lui importe, et c'est son dernier espoir, de faire flamboyer aux regards avides de ses accusateurs et de ses juges cette nouvelle pluie d'or et de bijoux, suffisante peut-être à les satisfaire ; car — oubliant que sa mort donnera bien mieux ses richesses à la Révolution, qui hérite d'elle, — elle suppose qu'on en veut beaucoup plus à ses trésors qu'à elle-même, et c'est sous sa dictée que le greffier Tavernier écrit la déclaration suivante :

« 1° Que dans la resserre en face de la glacière, et où on resserre les instruments de jardinage, se trouve enterré un nécessaire d'or composé d'un plateau de porcelaine, monté en or, une tayère d'or, un bouloire, un réchaud à esprit de vin, un pot au lait, une petite cafetière, une grande cafetière à chocolat, une écuelle, son couvercle et son assiette, trois petites cuillères, une petite passoire à tayère, cent jetons d'or à ses armes et au chiffre D. B., le tout d'or et d'un travail très-précieux.

« 2° Dans une boîte ou corbeille, enterrée dans le même endroit, quinze cent trente et un louis d'or de vingt-quatre livres chacun, une chaîne de diamants avec ses deux glands et la clef montée à jour, deux chaînes d'oreilles, composées chacune de neuf ou dix pierres, celles de devant fort grosses ; trois anneaux, un diamant blanc, un en rubis et diamant blanc, un en émeraude et diamant blanc, une très-belle pierre gravée, montée avec chaîne d'or pour collier, deux colliers de corail, dont l'un monté en or (observant que les manches des objets portés au premier article sont en jaspe sanguin et montés en or); toujours dans le même endroit, un collier de perles fines, des chaînes doubles aussi en perles, un collier de perles d'or et deux ou trois chaînes d'or pour col, un portrait de Louis XV entouré d'un cadre d'or.

« 3° Dans une petite boîte de sapin remise à la femme Deliant, femme du frotteur demeurant à Luciennes, une montre à répétition enrichie de diamants, un petit paquet de petits rubis, deux petits diamants plats pour monter en bague, un autre portrait de Louis XV dans un laboratoire, monté et plaqué en or, un petit enfant en forme de tirelire, en or émaillé bleu, seize demi-guinées neuves, et deux guinées enveloppées dans du papier, une paire d'éperons d'or avec des chiffres, appartenant à Brissac, une petite boîte de carton renfermée dans celle ci-dessus, dans laquelle est une chaîne en émeraude et diamants, dont un gros pesant cinquante grains, les glands de laquelle chaîne se trouvent dans la boîte énoncée au deuxième article.

« Observant que dans l'article deuxième ou troisième se trouve un crayon d'or enrichi de diamants.

4° Une boîte pareillement remise à la femme Deliant, renfermant un moutardier d'or, un petit plateau et deux gobelets d'or, et plusieurs autres objets qui ne reviennent point à sa mémoire ; deux caves remplies de flacons de cristal de roche, dont une lui appartient et l'autre appartient à Brissac, lesdits flacons garnis en or ; un autre gobelet de cristal avec un cercle d'or appartenant audit Brissac, une petite écuelle de vermeil avec son plateau.

« 5° Un coffre de velours bleu garni, en argent doré, placé sous un escalier, dans une chambre formant garde-robe, à côté de celle qu'elle occupait, dans lequel coffre il y a une douzaine de couverts d'or armoriés, quatre cuillers à sucre, deux cuillers à olives, une cuiller à punch, le tout d'or ; un étui renfermant douze cuillers à café, en or ; plusieurs portraits de femmes, deux cachets d'or, dont un de bureau et un petit, trois médailles d'or, une représentant le pont de Neuilly, l'autre l'École de chirurgie, et l'autre la Monnoye ; deux médailles représentant le mariage des ci-devant princes, aussi en or ; une très-grande médaille d'or appartenant à Brissac, et quelques autres objets qu'elle ne peut pas désigner ; plus deux poignards turcs montés en rubis et autres pierres.

« 6° Dans la chambre à côté de celle à coucher et servant de passage : dans la commode, une paire de boucles en or garnies en perles, une petite boîte d'or unie, une boîte d'écaille blonde montée en or, avec le portrait d'une religieuse, un bouchon de flacon émaillé en bleu, avec un gros diamant au bout.

« 7° Dans une commode, dans la chambre à coucher, un pot à l'eau et sa cuvette en cristal de roche garnis en or, un bracelet antique monté en or, composé de différentes pierres; un gobelet de cristal de roche et deux carafes et le plateau, le tout en or; vingt et une ou vingt-deux bagues de différentes pierres gravées en or; une boîte montée en cage d'or, avec le portrait de l'épouse de Brissac, un portrait de la fille de ce dernier, en or, un portrait de son fils (Brissac), aussi monté en or, un portrait de la mère du même, un autre de son frère, une boîte d'écaille blonde montée en or avec une pierre blanche gravée, très-belle, où est le portrait de Brissac et de la déclarante; une boîte de jade montée en or émaillé, une autre boîte en nacre montée en or, un portrait en émail d'une grand'mère de Brissac, deux tasses d'or avec leurs manches de corail, et quelques autres objets appartenant à Brissac.

« 8° Dans la cave à l'usage ordinaire : un grand seau, neuf douzaines et sept assiettes, dix-huit flambeaux, dont trois à deux branches, une douzaine de casseroles, une grande et une petite marmite, le tout en argent, dix-neuf grandes cloches d'argent, soixante et tant de plats d'argent et autres objets d'argenterie dont l'état est chez elle.

« 9° Plusieurs figures de différentes espèces et en matière de bronze; une partie doit être dans un des bosquets près le pavillon, une autre au-dessous du pavillon, le tout couvert légèrement de terre.

« 10° Dans le jardin de Morin, valet de chambre, se trouvent cachés onze sacs de douze cents livres, quarante doubles louis en or, rapportés de Londres à son dernier voyage, une boîte d'écaille montée en or, sur laquelle est le portrait de Marie-Antoinette fait par Sauvage, dans laquelle se trouve une médaille d'or et quelques autres objets qui sont à la connaissance de Morin, qui a été chargé par elle de cacher tous les objets en l'article 9 ci-dessus (1).

« 11° Observe qu'elle a en dépôt chez Morlan-Amocelet et Ramson et Ce, banquiers à Palmer, à Londres, tous les articles relatifs au vol, excepté ceux soulignés en marge, et portés en l'imprimé de la récompense promise pour la découverte du vol en général, lequel a été paraphé par elle et par nous, ainsi que par le citoyen Dangé, et annexé au présent.

« 12° Qu'elle a confié au citoyen Montrouy : une seringue d'argent et trois canons aussi en argent, une petite demi-aune pliante, en or ; une bague nommée astroïde, un portrait de Brissac, deux couteaux, dont un à ôter la poudre, à lame d'or avec deux petits cercles de diamants au manche noir ; un autre couteau émaillé en or, une montre d'or et un petit cachet avec une émeraude, aussi en or ; observant qu'elle a reçu dudit Montrouy deux cent cinquante ou trois cents livres à titre de prêt, ainsi que le coucher dont elle a fait usage pendant sa détention jusqu'à ce jour.

« Lecture à elle faite des déclarations ci-dessus, a dit icelles contenir vérité, et n'avoir autre chose à déclarer, ajoutant que si c'est le bon plaisir du tribunal, elle écrira à Londres, et que sans difficulté elle recouvrera les objets concernant son vol, en payant toutefois les frais qu'a occa-

(1) Il fut pour ce motif condamné à mort et exécuté quelques jours après sa maîtresse, « comme complice de ses crimes »

sionnés son procès ; et a signé avec nous : « Jeanne Vaubernier Du Barry ; Denizot, juge ; Royer, substitut, accusateur public ; Dangé, administrateur de police ; Tavernier, commis greffier. »

Après cette déclaration, qui lui fit gagner tout au plus quelques instants, Mme Du Barry fut conduite dans l'avant-greffe. Elle s'illusionnait encore, croyant sinon à sa mise en liberté immédiate, au moins à un sursis, peut-être même à un emprisonnement plus ou moins long ; mais quand elle aperçut le bourreau, quand elle vit les aides qui préparaient pour la toilette de la mort les cinq malheureux qui allaient partager son supplice, elle jeta des cris de terreur et, tombant sur ses genoux, elle mit ses deux mains sur ses yeux en criant de toutes les forces de son désespoir :

« Non ! je ne veux pas ! je ne veux pas !... »

On la releva avec beaucoup de peine et on la fit asseoir sur une chaise, anéantie, défaillante, presque sans vie ; un aide s'approcha d'elle et se mit en devoir de lui couper les cheveux. Mais quand elle entendit le grincement des ciseaux qui fauchaient en quelque sorte sa luxuriante chevelure, elle parut retrouver des forces surhumaines et engagea avec l'aide une lutte désespérée. On dut la lier sur la chaise ; trois aides l'entourèrent et continrent ses efforts furieux, pendant qu'un quatrième procédait à la lugubre opération. Après quelques coups de ciseaux, ses cheveux jonchaient les dalles de pierre de la salle, et l'infortunée, épuisée, hébétée, l'œil hagard, le regard éteint, semblait presque morte déjà, avant qu'eût commencé son supplice. On dut la porter dans la fatale charrette, où se trouvaient déjà les trois Vandenyver et deux faussaires condamnés à être exécutés en même temps qu'elle, les sieurs Bonnard et Joseph Bruniot.

Une foule immense remplissait les rues, les fenêtres des maisons étaient garnies de monde comme s'il se fût agi d'un condamné de la plus haute importance. Car le peuple commençait à se blaser sur ce répugnant spectacle de la charrette sanglante emportant les victimes et traversant triomphalement les voies les plus populeuses et les mieux situées. Souvent les magasins restaient fermés jusqu'après le passage du cortége, et la horde de Sanson n'avait pas toujours une masse de spectateurs aussi compacte et aussi nombreuse que ce jour-là, pour assister à son funèbre défilé.

Le mouvement de la voiture, les cris de la foule, le froid d'un jour brumeux et gris, « sentant la neige », rappelèrent à la réalité effroyable de sa situation la condamnée déjà à moitié expirante. Alors elle se répandit en cris et en plaintes déchirants, appelant le peuple à son secours :

« Bons citoyens, délivrez-moi ! je suis innocente ! » criait-elle de sa voix la plus forte.

« Moi aussi, je suis du peuple, disait-elle un peu plus loin ; j'en suis sortie comme vous ! ne me laissez pas mourir !... »

Elle ne pouvait plus se soutenir ; comme elle haranguait debout la populace des rues, les cahots de la charrette la faisaient à chaque instant tomber soit à gauche, soit à droite, sur les aides, sur les autres condamnés et sur le bourreau lui-même. Elle chercha alors à attendrir l'exécuteur des hautes œuvres, comme si elle eût pu attendre son salut de celui qui, n'étant pour rien dans sa mort, allait cependant forcément la lui donner.

« N'est-ce pas, lui disait-elle, que vous ne me ferez pas mourir ? »

Sa voix s'enrouait à force de cris ; elle devenait rauque et voilée, et comme le serait celle d'une femme avinée ; son visage passait en un moment du blanc au violet et du violet au blanc, et ses larmes ne cessaient pas de couler ; elle se tordait par terre, dans l'immonde charrette, et ne voulait écouter aucune consolation. « Priez !... » lui disait l'un de ses anciens banquiers ; mais, comme si sa mémoire lui eût fait défaut à cette heure suprême, on n'entendait sortir de sa bouche que des mots sans suite, à peine balbutiés, et les cris mille fois répétés au milieu de ses larmes : « Mon Dieu ! .. mon Dieu !... mon Dieu !... » Quand on fut arrivé devant l'échafaud, elle détourna la tête et eut un moment de défaillance. Par un raffinement de cruauté bien digne de ses assassins, il avait été ordonné que la pauvre femme serait exécutée la dernière, et qu'elle verrait ainsi d'abord tomber successivement les cinq têtes de ses compagnons de supplice. Mais au dernier moment, en présence de ce désespoir épouvantable, l'huissier chargé de surveiller l'exécution autorisa le bourreau à commencer par elle. On la hissa avec la plus grande peine sur la plate-forme, car elle était liée de tous ses membres, ce qui ne l'empêcha pas de se rouler par terre. aux pieds du bourreau, en hurlant d'une manière affreuse :

« Pas encore, monsieur le bourreau ! pas tout de suite ! encore un moment, je vous en prie ! »

Les aides l'entraînèrent vers la machine, mais elle se débattit comme une furieuse et voulut les mordre, et ils furent plus de cinq minutes avant d'arriver à la boucler sur la bascule. Et avant que le couteau tombât et séparât sa tête de son corps, on entendit encore ses cris et ses supplications :

« Encore un moment, monsieur le bourreau !... »

La foule accourue était toute changée en sa faveur

par le spectacle atroce de sa douleur ; on cria pour demander sa vie, et beaucoup, atterrés par l'horreur de son supplice, s'enfuirent consternés, pour n'en pas voir la fin.

C'est ainsi qu'elle mourut. Avait-elle assez expié par cette fin horrible les légèretés, les étourderies et les scandales de sa vie, et ceux qui lui ont reproché de n'avoir point su mourir avec dignité ont-ils fait preuve d'une bien grande logique en exigeant que la courtisane fût morte comme était morte la reine ? Quand on voit combien cher elle a payé ses folies et ses grandeurs, on est tenté non de les excuser un peu, mais de les pardonner beaucoup. En somme, était-elle une grande dame de la cour ayant livré à son roi l'honneur de sa famille et le sien propre ? Avait-elle, en vendant au prince ses faveurs les plus secrètes, fait marché du nom et de la gloire de ses ancêtres ? Non ! c'était une grisette, fille d'une autre grisette, et qui avait vécu dans les tripots, tirant profit d'elle-même, comme ces pauvres filles marchandes de leur propre corps, et qui en font journellement le déplorable et honteux trafic. Elle se vendait ; un roi l'acheta ! Elle accepta, avec une joie facile à comprendre, la place que beaucoup de grandes dames n'avaient pas dédaigné d'occuper avant elle ; et s'il y eut rage et dépit de la part de celles-ci, ce fut simplement parce qu'elles étaient supplantées par elle !

Elle eut certainement dans la politique et dans les affaires les plus graves de l'État un rôle fatal, bien que passif ; mais elle ne comprit jamais la portée des actes funestes que son influence provoqua ; c'est là sa seule et sa meilleure excuse ! Ce n'est pas elle qu'il en faut accuser : grisette parvenue, grisette couronnée, elle fut toujours dans son rôle et à sa place ! C'était là son métier ; elle le faisait consciencieusement et naturellement. Ceux qui l'ont attaquée, accablée, conspuée, l'ont considérée sous un tout autre aspect, lui donnant une importance qu'elle n'avait pas, la jugeant comme si elle fût issue d'une souche glorieuse, et lui voulant une distinction, un esprit, des qualités, des vertus même qu'elle ne pouvait avoir, qu'elle était incapable d'avoir jamais eus ! Non, ce n'est pas elle qu'il faut accuser ! ce sont ces ministres ambitieux qui se servirent de cette folle créature comme d'un instrument utile à leurs coupables passions et à leurs criminels désirs ! c'est ce roi surtout, ce roi crapuleux et blasé, devenu assez vil pour ramasser dans le ruisseau cette fille qui avant d'être à lui avait été à tant d'autres ! ce roi introduisant à Versailles, au milieu de sa cour dégénérée et complaisante, cette vulgaire maîtresse qui prenait presque à ses côtés la place de la reine de France, et qui humiliait de sa faveur toute-puissante la famille royale elle-même, obligée de se taire ou même de se courber devant elle.

Voilà ceux qu'il faut avant tout accuser ! La boue qu'on a jetée sur cette fille a rejailli sur eux tous, et ils ont mieux et plus justement mérité la honte, le mépris et l'abjection que l'histoire a plus volontiers déversés entièrement sur elle.

APPENDICES

I

BIBLIOTHÈQUE

DE MADAME DU BARRY

(Extrait du Catalogue.)

M. Le Roi a publié le catalogue complet des volumes provenant de Mme Du Barry, possédés aujourd'hui par la bibliothèque de Versailles, et dont j'ai parlé plus haut (1). Le lecteur trouvera ici, avec intérêt je pense, quelques extraits de cette historique et curieuse collection.

Les Œuvres de Clément Marot, revues et augmentées de nouveau. La Haye, 1714, 2 vol. in-12.

(1) Voyez la note page 168.

Les Œuvres de François Villon, avec les notes de Clément Marot et les *Poésies* de Jean et de Michel Marot. Paris, Coustelier, 1723, 2 vol. petit in-8.

Les Métamorphoses d'Ovide, traduites en français par l'abbé Banier. Paris, Nyon, 1738, in-4, avec figures.

Satires et autres œuvres de Regnier, nouvelle édition, augmentée par Lenglet du Fresnoy. Londres, Tonson, 1733, in-4. Belle édition dont les pages sont entourées de cadres rouges.

Les Poésies du roi de Navarre, avec des notes et un glossaire français, précédées de l'histoire de la langue française depuis Charlemagne jusqu'à saint Louis. Paris, Guérin, 1742, 2 vol. in-12.

Œuvres de Mme et de Mlle Deshoulières. Paris, les Libraires associés, 1754, 2 vol. in-12.

L'Art d'aimer et le remède d'amour, traduction d'Ovide par l'abbé Marolles. Amsterdam, 1757, 1 vol. in-12, avec figures de Vanloo et Eisen.

L'Univers perdu et reconquis par l'amour, suivi d'*Iphis et Amaranthe, ou l'Amour vengé*, par de Carné. Amsterdam, 1758, 1 vol. in-8.

La Farce de maistre Pathelin. Paris, Durand, 1762, 1 vol. petit in-8.

Le Hasard du coin du feu, dialogue moral par Crébillon fils. La Haye, 1763, 1 vol. in-12.

L'Iliade d'Homère. Paris, 1766, 2 vol. in-8.

La Pharsale de Lucain. Paris, 1766, 2 vol. in-8, avec figures.

Le Roman comique de Scarron. 1766, 3 vol. in-12.

Traité de la prosodie française, par l'abbé d'Olivet. Paris, 1767.

Œuvres complètes de M. le c. de B. (1), dernière édition. Londres, 1767, in-12.

Essais de Montaigne. Londres, 1769, 10 vol. in-12.

Le Messie, poëme en dix chants de Klopstock, traduit. Paris, Vincent, 1769, 2 vol. in-12.

Narcisse dans l'île de Vénus, poëme en quatre chants, de Malfilâtre. Paris, 1769, 1 vol. in-8.

Les Nuits d'Young, par Letourneur, traduites. Paris, 1769, 4 vol. in-8 avec figures.

Les Baisers, précédés du *Mois de mai*, par Dorat. La Haye et Paris, 1770, in-8.

Les Comédies de M. Marivaux. Paris, 1732, 2 vol. in-12.

Tragédies-opéras de Métastase, traduites. Vienne, 1751, 12 vol. in-12.

Œuvres dramatiques de Néricault-Destouches. Paris, 1758, 10 vol. in-12.

(1) Le cardinal de Bernis, qui, en raison des poésies légères contenues dans son volume, et de la dignité dont il était lui-même revêtu, n'avait pas osé mettre son nom sur son livre.

Œuvres d'Alexis Piron, figures d'après Cochin. 1758, 3 vol. in-12.

Les Chefs-d'œuvre de Pierre et de Thomas Corneille, avec les *Commentaires* de Voltaire. Paris, 1771, 3 vol. in-12.

Théâtre des Grecs, par le P. Brumoy, traduit. Paris, 1785, 13 vol. in-4.

Les Aventures de Télémaque fils d'Ulysse, par de La Motte Fénelon. Paris, 1730, in-4, avec figures de Coypel, Souville, Cazes et Humblot.

Œuvres de maître François Rabelais, avec figures de Picart. Amsterdam, 1741, 3 vol.

Amours de Théagène et Chariclée. 2 vol. in-8, Londres, avec figures, dont quelques-unes sont assez licencieuses.

Histoire amoureuse des Gaules, par Bussi-Rabutin. 1754, 5 vol. in-12.

La Nouvelle Héloïse de J. J. Rousseau. 1764, 4 vol. in-12, avec figures de Gravelot.

Contes moraux, par Marmontel. 3 vol. in-12, 1765, avec portrait et figures.

Voltariana, ou Éloges amphigouriques de feu M. Arouet, sieur de Voltaire, discutés et décidés pour sa réception à l'Académie française. Paris, 1748, in-8.

Lettres de Rousseau sur différents sujets de littérature. Genève, Barillot, 1750, 5 vol. in-12.

Pensées de Pascal sur la religion et sur quelques autres sujets. Paris, Desprez, 1761, 1 vol. in-12.

Recueil de lettres de Mme la marquise de Sévigné à Mme de Grignan. Paris, Compagnie des libraires, 1763, 8 vol. in-12.

Lettres secrètes de M. de Voltaire. Genève, 1765, 1 vol. in-8.

Œuvres du philosophe de Sans-Souci, au Donjon du château. 1750, 3 vol. in-8.

Œuvres de Saint-Évremont, avec la vie de l'auteur. 1753, 11 vol. in-12.

Œuvres diverses de J. J. Rousseau. Neufchâtel, 1764, 8 vol. in-12, avec figures et portrait.

Les Œuvres de l'abbé de Saint-Réal. 8 vol. in-12.

Œuvres posthumes de Frédéric II, roi de Prusse. Berlin, Woss et Decker, 1788, 15 vol. in-8, reliés en maroquin fauve, avec armes sur le dos.

Divers éloges, par Thomas. Paris, Regnard, 1763-1773, 1 vol. in-8.

Mémoires de la cour de France pour les années 1688 et 1689, par Mme la comtesse de La Fayette. Amsterdam, Bernard, 1731, 1 vol. in-12.

Histoire de la vie et du règne de Louis XIV, par Bruzen de la Martinière. La Haye, 1740, 2 vol. in-4.

Histoire du règne de Louis XIII, par le P. Griffet. Paris, 1758, 2 vol. in-4.

Les Amours de Henri IV, roi de France, avec ses lettres galantes à la duchesse de Beaufort et à la marquise de Verneuil. Amsterdam, 1765, deux parties en 1 vol., in-12.

Histoire philosophique et politique des établissements et du commerce des Européens dans les deux Indes. Neufchâtel, 1783, 10 vol. in-8, reliés en maroquin vert ; armes au dos.

Monuments de la mythologie et de la poésie des Celtes, et particulièrement des anciens Scandinaves, pour servir de supplément et de preuves à l'introduction de l'histoire du Danemark, par Mallet. Copenhague, Philibert, 1756, 1 vol. in-4o.

Histoire de l'Académie française, par Pellisson et d'Olivet, troisième édition. Paris, Coignard, 1743, 2 vol. in-12.

Correspondance secrète, politique et littéraire, ou Mémoires pour servir à l'histoire des cours, des sociétés et de la littérature en France, depuis la mort de Louis XV. 1789-1790, par Métra et autres, 14 vol. in-12, reliés en veau vert ; les armes sur le dos. On est d'autant plus étonné de trouver cet ouvrage parmi les livres de Mme Du Barry, qu'elle y est fort maltraitée.

L'Alcoran de Mahomet, traduit de l'arabe. Amsterdam, 1770, 2 vol. in-12.

Émile, ou De l'éducation, par J. J. Rousseau. Amsterdam, 1762, 2 vol. in-12.

Essai philosophique concernant l'entendement humain, par Locke, traduit de l'anglais. Amsterdam, 1758, 4 vol. in-12.

Histoire du ciel considéré selon les idées des poëtes, des philosophes et de Moïse, par Noël Planche. Paris, Estienne, 1739, 2 vol. in-12.

Considérations sur la constitution de la marine militaire de France, par Secondat. Londres, 1756, 1 vol. in-12.

Rouge végétal à l'usage des dames, avec une lettre à M*** sur les maladies des yeux causées par l'usage du rouge et du blanc, par le docteur Deshais-Gendron. Paris, 1760, 1 vol. in-12.

II

EXTRAIT

DU JOURNAL LA NOUVELLE MINERVE (1).

« J'entendis au loin des cris déchirants, et aussitôt je vis sortir de la cour du palais de justice cette fatale charrette que Barère, dans un de ces accès de gaieté qui lui étaient si familiers, avait appelée la bière des vivants. Une femme était sur cette charrette, qui approcha lentement de l'endroit où je m'étais arrêté. Sa figure, son attitude, ses gestes, exprimaient le désespoir arrivé au plus haut paroxysme. Alternativement d'un rouge foncé et d'une pâleur effrayante, se débattant au milieu de l'exécuteur et de ses deux

(1) L'auteur a raconté à sa façon l'histoire de l'arrestation de la Du Barry, à qui il donne aussi quarante deux ou quarante-trois ans, alors qu'elle en avait cinquante passés.

aides, qui avaient peine à la maintenir sur son banc, et poussant de ces cris affreux que je disais tout à l'heure, elle invoquait tour à tour leur pitié et celle des assistants. C'était Mme Du Barry que l'on conduisait au supplice. Revenue de Londres cinq ou six jours auparavant pour retirer de son château de Louveciennes des bijoux de prix qu'elle y avait cachés en partant pour l'émigration, elle avait été dénoncée, le soir même de son arrivée, par son nègre favori, Zamore, gardien du château en son absence, et traduite au tribunal révolutionnaire. Agée alors de quarante-deux à quarante-trois ans seulement, sa figure, malgré la terreur profonde qui en altérait les traits, était encore remarquablement belle. Entièrement vêtue de blanc, comme Marie-Antoinette, qui l'avait quelques semaines auparavant précédée sur la même route, ses cheveux, du plus beau noir, formaient un contraste pareil à celui que présente le drap funéraire jeté sur un cercueil. Coupés sur la nuque, ainsi que cela se pratique en pareil cas, ceux de devant étaient ramenés à chaque instant sur le front par ses mouvements désordonnés, et lui cachaient une partie du visage. « Au nom du ciel, mes « amis, s'écriait-elle au milieu des sanglots et

« des larmes, au nom du ciel, sauvez-moi, je « n'ai jamais fait de mal à personne; sauvez- « moi. »

« La frayeur délirante de cette malheureuse femme produisait une telle impression parmi le peuple, qu'aucun de ceux qui étaient venus là pour l'insulter à ses derniers moments ne se sentit le courage de lui adresser une parole d'injure. Autour d'elle tout semblait stupéfié, et l'on n'entendait d'autres cris que les siens; mais ces cris étaient si perçants qu'ils auraient, je n'en doute pas, dominé ceux de la multitude, si elle en eût proféré.

« J'ai dit tout à l'heure, je crois, que personne ne s'était senti le courage de l'injurier. Si fait, un homme, un seul, vêtu avec une certaine recherche, éleva la voix au moment où, la charrette passant vis-à-vis de moi, la patiente, toujours s'adressant au peuple, s'écriait : « La vie! « la vie! qu'on me laisse la vie, et je donne tous « mes biens à la nation. — Tu ne donnes à « la nation que ce qui lui appartient, dit cet « homme, puisque le tribunal vient de les con- « fisquer, tes biens. » Un charbonnier, qui était placé devant lui, se retourne et lui donne un soufflet; j'en éprouvai un sentiment de plaisir.

« On sait que pendant toute la route elle continua à pousser les mêmes cris, et à s'agiter dans des convulsions frénétiques pour fuir la mort qui déjà l'avait saisie; aussi on sait qu'arrivée à l'échafaud il fallut user de violence pour l'attacher à la fatale planche, et que ces derniers mots furent ceux-ci : « Grâce! grâce! monsieur le « bourreau! encore une minute, monsieur le « bourreau! encore..... » Et tout fut dit. »

III

EXÉCUTION DE Mme DU BARRY

(Par MM. de Goncourt.)

C'était le temps où le courage ressemblait aux victimes et n'avait plus de sexe. Condamnées comme des hommes, les femmes mouraient comme des hommes ; on les eût dites jalouses du droit de mourir. Celles-ci montaient à l'échafaud comme au sacrifice, celles-là comme à une tribune... Les bourgeoises mouraient en Romaines, les grandes dames mouraient en grands seigneurs, les reines mouraient en rois ; mais toutes avaient le cœur et la force d'une idée, d'un principe, d'une foi, d'un devoir, d'un droit, d'une passion, d'une illusion, de quelque chose enfin qui soutient l'âme et porte l'agonie. Mme Du Barry n'avait rien de cela pour l'aider à mourir; et s'il est dans son histoire un scandale qu'on doive lui pardonner, c'est le scandale d'une mort qui attendrit la Terreur.

En montant sur la charrette, la pauvre femme devint pâle comme une morte. La foule, une foule immense, attendait *la courtisane du ci-devant tyran*. Le peuple se pressait pour regarder passer cette prodigieuse fortune. Celle qu'on regardait ne voyait rien, n'entendait rien ; c'étaient des soupirs brisés, des sanglots, des étouffements... quand tout à coup, auprès du Palais-Royal, à la barrière des Sergents, levant les yeux, elle aperçut le balcon d'une maison de modes où les ouvrières s'étaient rangées pour la voir une dernière fois... Cette maison, c'était la maison où elle avait été ouvrière en modes. Peut-être alors, dans un de ces éclairs de l'agonie, dans une de ces lucidités de la dernière heure qui précipitent le souvenir et les images de toute une vie, elle revit tout son passé, sa jeunesse, puis Versailles, puis Luciennes... Rêve d'une seconde, dont elle sortit en poussant des cris!...

Cependant la foule s'étonnait : elle était habituée à si bien voir mourir, que cette femme lui semblait pour la première fois une femme qu'on allait tuer. Il y avait dans les groupes cette première émotion qui est dans un peuple comme l'ébranlement de la pitié. L'officier faisait fouetter les chevaux de la charrette et brusquait le spectacle... La charrette arrivait à l'échafaud à quatre heures trente minutes de relevée. Mme Du Barry descendit la première ; on l'entendit sur l'escalier de l'échafaud, éperdue, désespérée, folle d'angoisse et de terreur, se débattre, supplier, demander grâce, crier : « A moi ! à moi ! » comme une femme assassinée par des voleurs...

TABLE

PREMIÈRE PARTIE.

DEUXIÈME PARTIE.

TROISIÈME PARTIE.

QUATRIÈME PARTIE.

CINQUIÈME PARTIE.

SIXIÈME PARTIE.

SEPTIÈME PARTIE.

HUITIÈME PARTIE.

APPENDICES.

Achevé d'imprimer

PAR D. JOUAUST

LE VINGT-SIX MARS MIL HUIT CENT SOIXANTE-SEPT

A PARIS

OCCVPA PORTVM
IOV AVST

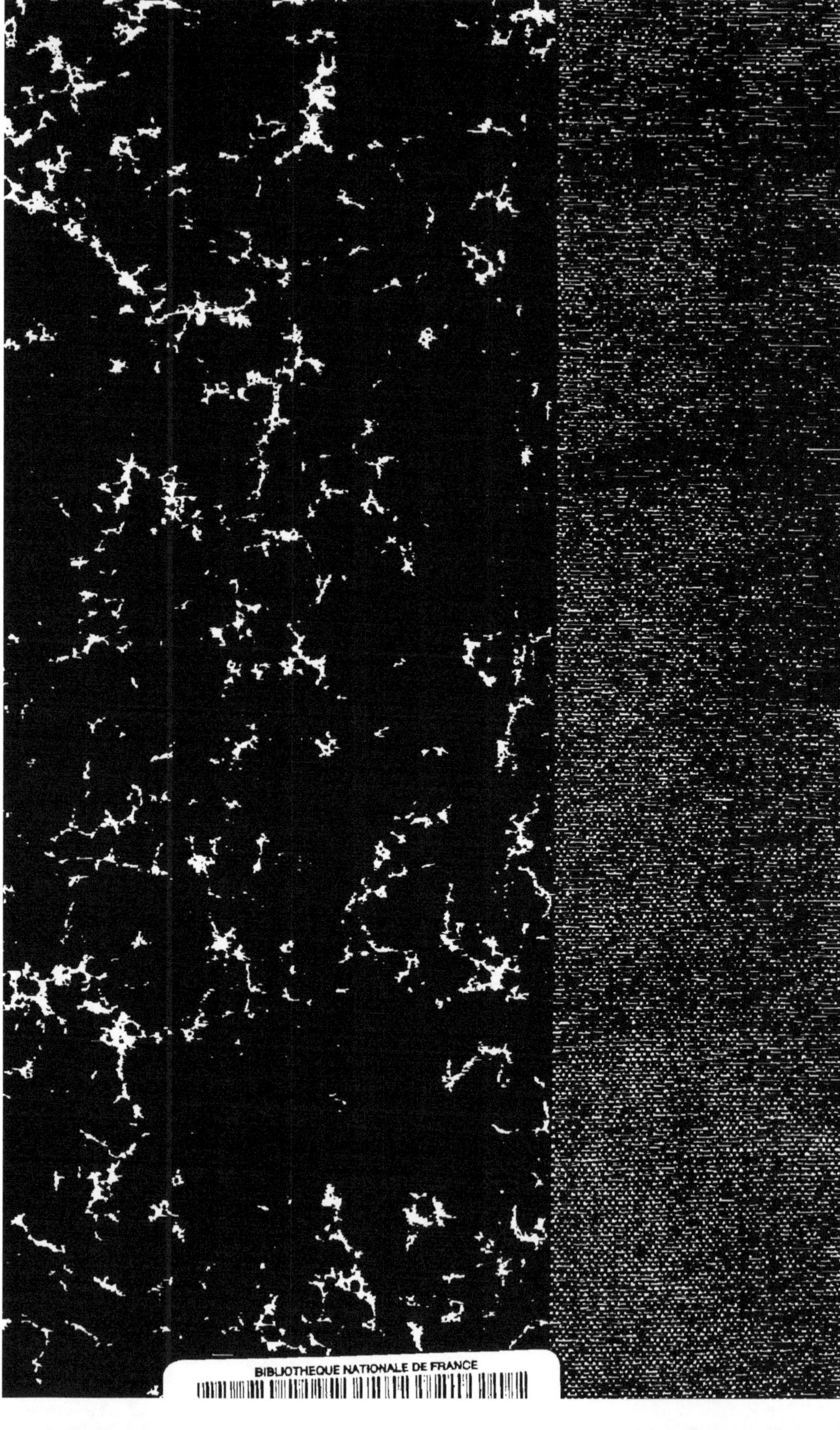

www.ingramcontent.com/pod-product-compliance
Ingram Content Group UK Ltd.
Pitfield, Milton Keynes, MK11 3LW, UK
UKHW020207250726
13967UKWH00003B/1327

9 782012 881587